KÖK SEBZELER YEMEK KİTABI

100 Tarifle Kök Sebze Mutfağında Ustalaşmak

Gamze Bulut

Telif Hakkı Malzemesi ©2024

Her hakkı saklıdır

Bu kitabın hiçbir bölümü, incelemede kullanılan kısa alıntılar dışında, yayıncının ve telif hakkı sahibinin uygun yazılı izni olmadan, hiçbir şekilde veya yöntemle kullanılamaz veya aktarılamaz. Bu kitap tıbbi, hukuki veya diğer profesyonel tavsiyelerin yerine geçmemelidir.

İÇİNDEKİLER _

İÇİNDEKİLER _ 3
GİRİİŞ 8
KEREVİZ 9
1. KEREVİZ VE PEYNİRLİ SUFLE 10
2. EZİLMİŞ CEVİZLİ KEREVİZ VE ELMA ÇORBASI 13
3. KEREVİZ REMOULADE İLE DOMUZ SCHNİTZEL 15
4. BILDIRCINLI SARIMSAKLI RİSOTTO 18
5. SAFRANLI KREMALI MİDYE ÇORBASI 21
YABAN HAVUCU 23
6. ESMER PİRİNÇ, BADEM VE SEBZE KROKETLERİ 24
7. VE YABAN HAVUCU İLE HİNDİ ÇORBASI 27
8. ŞEFTALİ VE YABAN HAVUÇLU TERS KEK 29
9. GARBANZO YABAN HAVUCU GNOCCHİ NARLI 31
10. YABAN HAVUCU VE HAVUÇLU BÖREK 34
11. YABAN HAVUCU KIŞ ÇORBASI 36
RUTABAĞA 38
12. BARBEKÜ BÖREKLERİ 39
13. R UTABAGA PATATES YAHNİSİ 41
14. KÖK SEBZELİ DANA YAHNİ 43
15. KÖK SEBZELİ HİNDİ SOSİS 45
16. ZENGİN MACAR GULAŞ ÇORBASI 47
17. KÖK SEBZELİ KARABUĞDAY FIRINDA 49
18. KAVRULMUŞ KÖK SEBZELİ LEVREK 51

19. KÖK SEBZELİ ETÇİL DANA YAHNİSİ...53
20. TAPYOKA ÇORBASI VE SONBAHAR SEBZELERİ.........................56
21. RUTABAGA'LI FERMENTE KIYILMIŞ SALATA.................................58
22. GÜZ TAVUK VE KÖK SEBZE ÇORBASI..60
23. GÜZ FESTİVALİ HİNDİ ÇORBASI...62
24. KUZU VE KÖK SEBZE ÇORBASI..64
25. RUTABAGA İLE ÖKÜZ KUYRUĞU ÇORBASI....................................66
26. BEGEDİL PATATES KÖFTESİ..68
27. HASAT SEBZELERİ VE KİNOA...71
28. KLASİK POT-AU-FEU..73
29. PEYNİRLİ PASTIRMA LOKMALARI..76
ŞALGAM...78
30. ŞALGAM VE SOĞAN GÜVEÇ..79
31. BÜYÜCÜ ŞALGAM ŞARABI..81
32. ŞÜKRAN GÜNÜ KIZARMIŞ ŞALGAM...84
33. TAYVANLI ŞALGAM KEK ÇORBASI..86
34. ŞALGAM BÖREKLİ KARIŞIK YEŞİLLER...89
35. HURMA VE DAİKON TEMAKİ...91
36. KAR BEZELYE VURUŞU DAİKON RULOLARI...............................93
TURP..95
37. JAPON LAHANA SALATASI İLE KIZARMIŞ YUZU TAVUK.......96
38. BALIK BUĞULAMA..98
39. MANTARLI JAPON RİSOTTO..100
40. FISTIKLI PESTOLU TAVUK KIZARTMA..102
41. BAHÇE TAZE PİZZA..105
42. KREMALI TURP ÇORBASI...107

43. BAHARATLI TURP VE HAVUÇ ÇORBASI..................109
44. TURP VE PATATES ÇORBASI..................111
45. TURP YEŞİLLERİ ÇORBASI..................113
46. SOĞUTULMUŞ TURP ÇORBASI..................115
47. TURP VE PANCAR ÇORBASI..................117
48. TURP VE DOMATES ÇORBASI..................119
49. TURP VE HİNDİSTAN CEVİZLİ KÖRİ ÇORBASI..................121
50. TURP VE ISPANAK ÇORBASI..................123
51. TURP VE MANTAR ÇORBASI..................125
52. KAVRULMUŞ TATLI PATATES VE PROSCİUTTO SALATASI..................127
53. TURPLU MİKRO YEŞİL SALATALI KARPUZ..................129
54. MİKRO YEŞİLLİKLER VE KAR BEZELYE SALATASI..................131
55. MİKRO YEŞİL BAHAR SALATASI..................133
PANCAR..................135
56. YUMURTALI PANCAR HAŞLAMASI..................136
57. PANCAR KABUKLU KAHVALTI PİZZASI..................138
58. PANCAR CİPS..................140
59. DEREOTU VE SARIMSAKLI PANCAR..................142
60. PANCAR MEZE SALATASI..................144
61. PANCAR TEKNELERİ..................146
62. PANCAR BÖREK..................148
63. PANCAR DOLMASI..................150
64. ELMA VE PANCARLA IZGARA İSPANYOL USKUMRU..................152
65. PANCARLI RİSOTTO..................154
66. MİKRO YEŞİLLİKLİ PANCAR SÜRGÜLERİ..................156
67. AMARANTH VE KEÇİ PEYNİRLİ KARİDES..................158

68. TAZE PANCAR SOSLU IZGARA DENİZ TARAĞI 161
TATLI PATATES 163
69. TATLI PATATES VE ISPANAKLI FRİTTATA 164
70. TATLI PATATES KAHVALTI KASESİ 166
71. TATLI PATATES VE SOSİS KAHVALTI GÜVEÇ 168
72. TATLI PATATES KAHVALTI KURABİYELERİ 170
73. TATLI PATATES VE PASTIRMA KAHVALTI TAVASI 172
74. TATLI PATATESLİ SMOOTHİE KASESİ 174
75. TATLI PATATES KAHVALTI BURRİTO KASESİ 176
76. CEVİCHE PERUANO 178
77. ZENCEFİLLİ TATLI PATATES BÖREĞİ 180
78. TATLI PATATES MARSHMALLOW LOKMALARI 182
79. DOLDURULMUŞ TATLI PATATES 184
80. TEMPURA TATLI PATATES 186
81. HİNDİ VE TATLI PATATES TEMPURA 188
82. TATLI PATATES NACHOS 190
83. PİŞMİŞ TATLI PATATES CİPSLER 192
84. KÖRİ BAHARATLI TATLI PATATES CİPSİ 194
85. BARBEKÜ TATLI PATATES CİPSİ 196
86. TATLI PATATES HALKALARI 198
87. TATLI PATATESLİ HİNDİ KAYDIRICILARI 200
88. TATLI PATATES VE HAVUÇ TİNGA TACOS 202
89. MERCİMEK & PİRİNÇ KÖFTE 204
90. TATLI PATATES MARSHMALLOW GÜVEÇ 206
91. MISIR GEVREĞİ TATLI PATATES GÜVEÇ 208
92. TATLI PATATESLİ FASULYE, DARI SOMUNU 210

93. ROKA PESTOLU TATLI PATATES GNOCCHİ..................212
94. KESTANE VE TATLI PATATES GNOCCHİ.....................215
95. TATLI PATATES VE HAVUÇ GNOCCHİ........................218
YERELMASI..220
96. VEJETARYEN CARPACCİO..221
97. NARLI KUDÜS ENGİNARI..223
98. ENGİNAR KİŞNİŞ KOKTEYLİ...225
99. KUDÜS ENGİNARLI KAVRULMUŞ TAVUK..................227
100. ISPANAKLI VE TATLI PATATESLİ LAZANYA.............229
ÇÖZÜM...232

GİRİİŞ

100 lezzetli tarifle kök sebze mutfağı sanatında ustalaşmanızı sağlayacak kapsamlı rehberiniz "Kök Sebzeler Yemek Kitabı"na hoş geldiniz. Bu yemek kitabı, kök sebzelerin çeşitli ve besleyici dünyasının bir kutlamasıdır ve onların tatlarını, dokularını ve çok yönlülüğünü keşfeden bir mutfak yolculuğunda size rehberlik eder. Mütevazı kökleri mutfak mükemmelliğine yükselten bir yemek pişirme macerasına çıkarken bize katılın.

Canlı kavrulmuş sebzelerle, doyurucu güveçlerle ve yaratıcı yemeklerle süslenmiş bir masa hayal edin; hepsi kök sebzelerin dünyevi iyiliğinden ilham alıyor. "Kök Sebzeler Yemek Kitabı" yalnızca bir yemek tarifleri koleksiyonu değildir; kök sebzelerin sunduğu besinsel faydaların, mevsimsel çeşitliliğin ve mutfak olanaklarının araştırılmasıdır. İster deneyimli bir ev aşçısı olun ister mutfak yolculuğunuza yeni başlıyor olun, bu tarifler doğanın yer altı hazinelerinden en iyi şekilde yararlanmanız için size ilham vermek üzere hazırlanmıştır.

Klasik kavrulmuş kök sebzelerden yaban havucu, pancar, havuç ve daha fazlasını içeren yenilikçi yemeklere kadar her tarif, kök sebzelerin sofranıza getirdiği dünyevi tatların ve besin zenginliğinin bir kutlamasıdır. İster bir aile yemeği planlıyor olun, ister bitki bazlı yemeklerinize çeşitlilik katmak istiyor olun, bu yemek kitabı kök sebze mutfağı sanatında ustalaşmak için başvurulacak kaynağınızdır.

Kök sebzelerin mutfak potansiyelini araştırırken bize katılın; burada her yaratım, bu yeraltı mücevherlerinin çeşitliliğinin ve uyarlanabilirliğinin bir kanıtıdır. Öyleyse önlüğünüzü giyin, doğal iyiliği kucaklayın ve "Kök Sebzeler Yemek Kitabı" ile leziz bir yolculuğa çıkalım.

KEREVİZ

1.Kereviz ve Peynirli Sufle

İÇİNDEKİLER:

- 1¾ bardak kereviz, soyulmuş ve doğranmış
- 2 adet serbest gezinen yumurta
- ½ bardak yarım yağlı %2 yağlı süt
- 1 yemek kaşığı mısır unu
- 4 yemek kaşığı yarım yağlı olgun peynir, rendelenmiş
- 2 yemek kaşığı ince rendelenmiş parmesan
- ¼ çay kaşığı taze rendelenmiş hindistan cevizi
- ¼ çay kaşığı deniz tuzu, bölünmüş
- ¼ çay kaşığı taze çekilmiş karabiber
- 2 sprey zeytinyağı spreyi

TALİMATLAR:

a) Fırını önceden 170C Fan, 375F, Gas Mark 5'e ısıtın. 2 fırına dayanıklı kalıbın içini yağlayın ve kızartma kabına koyun.

b) Kerevizleri soyun ve parçalara ayırın. Bunu ve ⅛ çay kaşığı tuzu bir tencerede kaynayan suya ekleyin ve yumuşayana kadar 4-5 dakika pişirin.

c) Kereviz ve püreyi mini mutfak robotunda pürüzsüz hale gelene kadar süzün, ardından bir kaseye aktarın.

d) Mini mutfak robotunuz yoksa kerevizi bir kasede çatalla pürüzsüz hale gelinceye kadar ezin.

e) Kerevizi tuz, karabiber ve taze rendelenmiş hindistan ceviziyle tatlandırın. Peyniri rendeleyip karıştırın.

f) Yumurtaları ayırın, yumurta aklarını temiz bir kaseye koyun ve sarılarını kerevizle birlikte kaseye koyun.

g) Yumurta sarısını kereviz püresine çırpın ve bir kenara koyun.

h) Mısır ununu sütle seyreltip karışımı tencereye dökün.

i) Orta ateşte, sos koyulaşana kadar sürekli karıştırarak ısıtın, ardından bir dakika daha pişirin.

j) Sosun üzerine 5 yemek kaşığı rendelenmiş peynir karışımını ekleyip eriyene kadar çırpın. Sosunuzun döküllen sostan çok daha kalın olacağından endişelenmeyin, bu kalın sos, sufle yapmak için doğru kıvamdadır.

k) Peynir sosunu kereviz karışımına katlayın.

l) Su ısıtıcısını kaynatın.

m) Temiz bir çırpma teli kullanarak yumurta aklarını sert zirveler oluşana kadar çırpın, ancak aşırı çırpmayın.
n) Yumurta akı sert olmalı ve tepe noktaları, sıvı akı kalmayacak şekilde şeklini korumalıdır.
o) Bir spatula veya metal kaşık kullanın ve hafifletmek için kereviz karışımına 1 çorba kaşığı katlayın.
p) Daha sonra kalan yumurta beyazının yarısını kereviz karışımına ekleyin.
q) Hafif bir dokunuşla bunu hızlı bir şekilde katlayın, karışımı kesip ters çevirin, her şey iyi bir şekilde birleşene ve yine de hafif ve havadar olana kadar.
r) Kalan çırpılmış yumurta akı ile aynı işlemi tekrarlayın. Karışımı hazırlanan kalıpların arasına eşit şekilde dökün ve kalan rendelenmiş peyniri üzerine serpin.
s) Ramekinleri kızartma kabına yerleştirin ve ramekinlerin sıçramamasına dikkat ederek yaklaşık 2,5 cm/1 inç kaynar suyu kızartma kabına dikkatlice dökün.
t) Fırına verin ve sufleler iyice kabarıp altın rengi kahverengi olana kadar 20-25 dakika pişirin.
u) Doğrudan ramekinden servis yapın ve hemen yiyin!

2. Ezilmiş Cevizli Kereviz ve Elma Çorbası

İÇİNDEKİLER:

- 1 soğan, soyulmuş ve kabaca doğranmış
- 1 kereviz (600–800g), soyulmuş ve doğranmış
- 2 Cox elması, soyulmuş, çekirdeği çıkarılmış ve kabaca doğranmış
- 2 yemek kaşığı zeytinyağı
- 1 yemek kaşığı kekik yaprağı
- 1 litre sebze suyu
- Deniz tuzu ve taze çekilmiş karabiber veya beyaz biber
- Hizmet etmek
- Büyük bir avuç ceviz, kabaca doğranmış
- Üzerine serpmek için sızma zeytinyağı

TALİMATLAR:

a) Soğanı, kerevizi ve elmaları listelendiği gibi hazırlayın.

b) Büyük bir tencereyi orta ateşe koyun ve zeytinyağını ekleyin. Sıcakken soğanı bir tutam tuzla ekleyin ve 4-5 dakika veya yumuşayıp rengi değişene kadar pişirin.

c) Kereviz, elma ve kekik yapraklarını ekleyip 5 dakika pişirin.

d) Sebze suyunu dökün ve kaynamaya bırakın. 5 dakika daha veya kereviz yumuşayana kadar kaynatmaya devam edin.

e) Tavayı ocaktan alın ve bir çubuk blender kullanarak iyice karıştırın. Tuz ve karabiberle tatlandırın, ardından tadın ve gerekirse daha fazla baharat ekleyin.

f) Servis yapmadan önce sıcak kaselere dökün, kıyılmış cevizleri serpin ve üzerine biraz sızma zeytinyağı gezdirin.

3.Kereviz Remoulade ile Domuz Schnitzel

İÇİNDEKİLER:
- 2 x 220g kemiksiz domuz pirzolası
- 50 gr sade un
- 1 yumurta
- 80 gr taze ekmek kırıntısı
- 1 çay kaşığı kurutulmuş dereotu
- 1 çay kaşığı kırmızı biber
- Kızartmak için bitkisel yağ
- Deniz tuzu ve taze çekilmiş karabiber
- Yeniden formül için
- 200 gr kereviz, soyulmuş ve jülyen doğranmış
- 2 yemek kaşığı mayonez
- 1 çay kaşığı tam tahıllı hardal
- 2 yemek kaşığı ekşi krema
- 1 yemek kaşığı ince kıyılmış düz yaprak maydanoz
- Limon suyunu sıkın

HİZMET ETMEK
- 2 küçük avuç su teresi
- Limon dilimleri (isteğe bağlı)

TALİMATLAR:
a) Keskin bir bıçak kullanarak her domuz pirzolasının yağını kesin. Bunları iki parça streç film arasına yerleştirin ve bir tokmak veya oklava kullanarak 5 mm kalınlığa kadar düzleştirin.

b) Unu sığ bir kaseye koyun, tuz ve karabiber ekleyin ve iyice karıştırın. Yumurtayı ikinci bir sığ kasede hafifçe çırpın. Ekmek kırıntılarını üçüncü bir sığ kaseye koyun ve dereotu ve kırmızı biberi ekleyerek karıştırın. Pirzolaların her iki tarafını da baharatlayın, ardından her birini önce una, sonra yumurtaya ve en son galeta ununa bulayın.

c) Remoulade için kereviz, mayonez, hardal, ekşi krema ve maydanozu geniş bir kaseye koyun ve iyice karıştırın. Biraz limon suyu ekleyin ve tadına göre baharatlayın. Bir kenara koyun.

d) Bir tavada 1 cm derinliğinde bitkisel yağı ısıtın. Sıcakken şnitzelleri dikkatlice ekleyin ve her iki tarafını da 2-3 dakika pişirin. Mutfak kağıdına boşaltın.

e) Şnitzelleri cömert bir kaşık dolusu remoulade, bir avuç su teresi ve yanında bir limon dilimi (kullanılıyorsa) ile servis edin.

4.Bıldırcınlı Sarımsaklı Risotto

İÇİNDEKİLER:
- kereviz 1/2 küçük, 1 cm'lik parçalar halinde doğranmış
- zeytin yağı
- sarımsak 1 ampul, soyulmuş karanfiller
- biberiye 1 dal
- arpacık soğanı 1, ince doğranmış
- pırasa 1, ince doğranmış
- kekik yaprakları 1 çay kaşığı
- tereyağı 100g
- risotto pirinci 400g
- sebze yağı
- tavuk suyu 1,5 litre
- P ecorino peyniri 80g, ince rendelenmiş
- düz yapraklı maydanoz, küçük bir avuç, doğranmış
- bıldırcın 4, temizlenmiş ve fırlatılmış

TALİMATLAR:
a) Fırını 180C/fanlı 160C/gaza ısıtın 4. Doğranmış kerevizleri fırın tepsisine koyun. Baharatlayın ve üzerine biraz bitkisel yağ gezdirin. 15 dakika veya yumuşayana ve kahverengi olana kadar kızartın.

b) Bu arada, sarımsağı, biberiyeyi ve 100 ml zeytinyağını küçük bir tavaya koyun (böylece sarımsak suya batırılır, gerekirse daha fazla yağ ekleyin) ve 10 dakika boyunca veya sarımsak yumuşak ve hafif altın rengi oluncaya kadar hafifçe ısıtın.

c) Yağı çıkarın ve soğutun. Artan sarımsak yağını yemek pişirmek için kullanabilirsiniz ancak buzdolabında saklayıp bir hafta içinde tüketebilirsiniz.

d) Arpacık soğanı, pırasayı ve kekiği 50 gr tereyağı ve 50 ml zeytinyağıyla kızartın. Mevsim. Sebzeler yumuşayınca pirinci ekleyin ve tüm taneler kaplanana kadar karıştırın.

e) Pirinci kırmak için 1 dakika boyunca hafifçe ısıtın (bu daha kolay emilmesini sağlar).

f) Risottoya 500 ml stok ekleyin ve tamamı emilene kadar karıştırın. 2 kez daha tekrarlayın. Bu işlem yaklaşık 20 dakika sürecektir. Kremsi bir kıvam elde etmek için gerekirse daha fazla et suyu ekleyin.

g) Pirinç yumuşayınca ocaktan alın, kerevizi, kalan tereyağını, peyniri ve maydanozu ekleyip baharatlayın. Kapağını kapatıp dinlenmeye bırakın.

h) Fırını 200C/fanlı 180C/gaza yükseltin. 6. Izgara tavasını orta ateşte ısıtın. Bıldırcınları yağlayın ve baharatlayın, ardından kuşları derisi aşağı bakacak şekilde ızgaraya 4 dakika boyunca altın rengi ve kömürleşene kadar koyun.

i) Ters çevirin ve 2 dakika daha pişirin. Bir fırın tepsisine aktarın ve iyice pişene ve meyve suları berraklaşana kadar 10-15 dakika kızartın. Folyo altında 2 dakika dinlendirin. Risottoyu sıcak tabaklara paylaştırın.

j) Bıldırcını sırtı boyunca ikiye bölün ve risottonun üzerine koyun. Bıçağın arkasını kullanarak konfit sarımsağı ezin ve üzerine dağıtın.

5.Safranlı Kremalı Midye Çorbası

İÇİNDEKİLER:

- 750g (1lb 10oz) küçük midye, temizlenmiş
- 4 yemek kaşığı kuru beyaz şarap
- 50g (2oz) tereyağı
- 225g (8oz) soyulmuş kereviz, doğranmış
- 125g (4½oz) pırasa, dilimlenmiş
- 1 küçük diş sarımsak, doğranmış
- yaklaşık 750 ml balık suyu
- iyi bir tutam safran teli
- 175g (6oz) asmada olgunlaştırılmış domates
- 4 yemek kaşığı krema fraîche

TALİMATLAR:

a) Midyeleri ve 2 yemek kaşığı şarabı orta boy bir tavaya koyun. Yüksek ateşte 2-3 dakika veya midyeler açılıncaya kadar pişirin.

b) Tereyağını temiz bir tavada eritin, kereviz, pırasa, sarımsak ve kalan şarabı ekleyin. Kapağını kapatıp 5 dakika kadar yavaşça pişirin.

c) Midye likörünün son çorba kaşığı veya iki tanesi hariç hepsini büyük bir ölçüm kabına koyun ve balık suyuyla 900 ml'ye kadar doldurun. Safran ve domatesle birlikte sebzeleri tavaya ekleyin, kapağını kapatın ve 30 dakika boyunca yavaşça pişirin.

d) Çorbayı biraz soğumaya bırakın, ardından pürüzsüz hale gelinceye kadar karıştırın. Önce süzgeçten geçirin, ardından bir kez daha chinois'ten geçirerek temiz bir tavaya alın ve tekrar kaynatın. Crème fraîche'yi ve damak tadınıza göre biraz baharatı ekleyip karıştırın.

e) Tavayı ocaktan alın ve midyeleri kısa süreliğine ısıtmak için karıştırın, ancak halihazırda sahip olduklarından daha fazla pişmelerine izin vermeyin.

yaban havucu

6.Esmer Pirinç, Badem ve Sebze Kroketleri

İÇİNDEKİLER:
- 1½ su bardağı Kısa taneli kahverengi pirinç
- 3½ bardak Yağı alınmış stok
- 1 çay kaşığı Tuz
- 1 yemek kaşığı Yağ
- ½ bardak kıyılmış kereviz
- ¾ bardak rendelenmiş yaban havucu
- ¾ bardak rendelenmiş tatlı patates veya havuç
- ¾ bardak kıyılmış yeşil soğan
- ¼ bardak kavrulmuş ve dilimlenmiş badem
- ½ su bardağı kızarmış ekmek kırıntısı
- ⅓ bardak kıyılmış taze maydanoz
- 1 yemek kaşığı Sodyumu azaltılmış soya sosu
- 1 Yumurta, dövülmüş

TALİMATLAR:
a) Orta-yüksek ateşte orta boy bir tencerede kahverengi pirinci, yağsız et suyunu ve tuzu kaynatın. Tencerenin kapağını kapatın ve ısıyı en aza indirin. Pirinci 40 ila 45 dakika veya tüm su emilene kadar pişirin. Soğumaya bırakın.

b) Orta-yüksek ateşte 10 inçlik yapışmaz tavada yağı, kıyılmış kerevizi, rendelenmiş yaban havuçlarını ve rendelenmiş tatlı patatesleri veya havuçları birleştirin. 3 ila 5 dakika veya sebzeler yumuşayana, ancak kahverengileşmeyene kadar pişirin ve karıştırın. Kıyılmış yeşil soğanları ekleyin ve 1 dakika daha pişirin. Ateşten alın.

c) Büyük bir kapta sotelenmiş sebzeleri, kavrulmuş ve dilimlenmiş bademleri, kızarmış ekmek kırıntılarını, doğranmış taze maydanozu, sodyumu azaltılmış soya sosunu, çırpılmış yumurtayı ve pişmiş esmer pirinci birleştirin. Eşit dağılım sağlamak için her şeyi iyice karıştırın.

d) Karışımı 3 inçlik köfteler haline getirin ve bunları ellerinizle şekillendirin.

e) Sebzeleri sotelemek için kullandığınız tavayı yıkayıp kurulayın. Tavayı yapışmaz sebze spreyi ile kaplayın ve orta-yüksek ateşte ayarlayın.

f) Tava ısınınca kroketleri tavaya ekleyin. Her iki tarafını da 3 ila 5 dakika veya altın kahverengi ve gevrek oluncaya kadar pişirin.

g) Kroketleri tavadan alıp sıcak olarak servis yapın.

7.ve Yaban Havucu ile Hindi Çorbası

İÇİNDEKİLER :
- 1 yemek kaşığı kanola yağı
- 1 pound hindi uyluk
- 1 havuç, kesilmiş ve doğranmış
- 1 pırasa, doğranmış
- 1 yaban havucu, doğranmış
- 2 diş sarımsak, kıyılmış
- 1 ½ litre hindi suyu
- 2 yıldızlı anason baklaları
- Tatmak için deniz tuzu
- ¼ çay kaşığı öğütülmüş karabiber veya tadı daha fazla
- 1 defne yaprağı
- 1 demet taze Tay fesleğeni
- ¼ çay kaşığı kurutulmuş dereotu
- ½ çay kaşığı zerdeçal tozu
- 2 su bardağı parçalanmış pazı

TALİMATLAR :
a) "Sote" tuşuna basın ve kanola yağını ısıtın. Şimdi hindi butlarını her iki tarafta 2 ila 3 dakika kahverengileştirin; rezerve.
b) Alttan kahverengileşmiş parçaları kazımak için bir miktar hindi suyu ekleyin.
c) Daha sonra hazır tencereye havuç, pırasa, yaban havucu ve sarımsağı ekleyin. Yumuşayana kadar soteleyin.
d) Kalan hindi suyunu, yıldız anason kabuklarını, tuzu, karabiberi, defne yaprağını, Tay fesleğenini, dereotu ve zerdeçal tozunu ekleyin.
e) Kapağı sabitleyin. "Çorba" ayarını seçin ve 30 dakika pişirin. Pişirme tamamlandığında doğal bir basınç tahliyesi kullanın; kapağı dikkatlice çıkarın.
f) Yaprakları soldurmak için hala sıcakken İsviçre pazısını karıştırın. Eğlence!

8.şeftali Ve Yaban Havuçlu Ters Kek

İÇİNDEKİLER:

- 200g (süzülmüş ağırlık) meyve suyunda konserve armut
- 225g (süzülmüş ağırlık) meyve suyunda konserve şeftali dilimleri
- 225 gr rendelenmiş yaban havucu
- 85g kuru üzüm
- 225g kendiliğinden kabaran un
- 2 çay kaşığı kabartma tozu
- ¼ çay kaşığı karbonat
- 2 çay kaşığı karışık baharat
- 100 ml bitkisel yağ
- 3 büyük yumurta, dövülmüş
- 1 çay kaşığı vanilya özü

TALİMATLAR:

a) Fırını önceden fanlı 200°C/180°C'ye ısıtın. 20 cm'lik (8 inç) yuvarlak kek kalıbını yağlayın ve pişirme kağıdıyla kaplayın. Konserve meyveyi boşaltın.

b) Bir kapta armutları çatal yardımıyla ezin.

c) Şeftali dilimlerini kek kalıbının dibine yel değirmeni veya daire şeklinde, aralarında boşluk bırakarak ve eşit şekilde dağıtarak yerleştirin.

d) Ayrı bir kapta kalan tüm malzemeleri (rendelenmiş yaban havucu, kuru üzüm, kabaran un, kabartma tozu, karbonat, karışık baharat, bitkisel yağ, çırpılmış yumurta ve vanilya özü) armut püresiyle birlikte tahta bir kaşık kullanarak karıştırın. iyice karıştırıldı.

e) Karışımı kek kalıbındaki şeftalilerin üzerine eşit şekilde kaplanacak şekilde dökün.

f) Kek kahverengileşinceye kadar 35 dakika pişirin.

g) Keki fırından çıkarmadan önce fırın tepsisine pişirme kağıdı serin.

h) Pastayı fırından çıkarın ve hemen fırın tepsisine ters çevirin, böylece şeftaliler artık pastanın üzerinde olur. Pişirme kağıdını kekin üzerinden çıkarın ve hamurun üzeri tamamen pişene kadar 15 dakika daha fırına koyun.

i) Pastayı fırından çıkarın ve servis etmeden önce tel ızgara üzerinde soğumasını bekleyin.

9. Garbanzo Yaban Havucu Gnocchi Narlı

İÇİNDEKİLER:
- 2 su bardağı pişmiş garbanzo fasulyesi (nohut), süzülmüş ve durulanmış
- 1 su bardağı pişmiş yaban havucu, püresi
- 1 ½ su bardağı çok amaçlı un
- ¼ bardak besin mayası (ek lezzet için isteğe bağlı)
- 1 çay kaşığı tuz
- ½ çay kaşığı sarımsak tozu
- ¼ çay kaşığı karabiber
- Zeytinyağı (pişirmek için)
- Servis için seçtiğiniz sos (örneğin marinara, pesto)
- Nar taneleri (servis için)

TALİMATLAR:
a) Büyük bir karıştırma kabında, pişmiş garbanzo fasulyelerini ve püre haline getirilmiş yaban havuçlarını birleştirin. İyice birleşene kadar bunları bir patates ezici veya çatal kullanarak ezin.

b) Unu, besin mayasını (kullanıyorsanız), tuzu, sarımsak tozunu ve karabiberi kaseye ekleyin. Birleştirmek ve bir hamur oluşturmak için iyice karıştırın.

c) Temiz bir yüzeye un serpin ve gnocchi hamurunu üzerine aktarın. Hamuru pürüzsüz ve esnek hale gelinceye kadar birkaç dakika yavaşça yoğurun. Fazla yoğurmamaya dikkat edin.

d) Hamuru daha küçük porsiyonlara bölün. Bir kısmını alıp yarım santim kalınlığında uzun bir ip şeklinde yuvarlayın. Kalan hamurla tekrarlayın.

e) Halatları yaklaşık 1 inç uzunluğunda küçük parçalar halinde kesmek için bir bıçak veya tezgah kazıyıcı kullanın. Bunları olduğu gibi bırakabilir veya her parça üzerinde çıkıntılar oluşturmak için çatalın arkasını kullanabilirsiniz.

f) Büyük bir tencerede tuzlu suyu kaynatın. Tencereyi aşırı doldurmamaya dikkat ederek gnocchi'yi gruplar halinde ekleyin. Gnocchi'leri yaklaşık 2-3 dakika veya yüzeye çıkana kadar pişirin. Yüzdükten sonra 1 dakika daha pişirin ve ardından oluklu bir kaşık veya örümcek süzgeci kullanarak çıkarın. Tüm gnocchiler pişene kadar aynı işlemi tekrarlayın.

g) Bir miktar zeytinyağını orta ateşte bir tavada ısıtın. Pişmiş gnocchi'yi tek kat halinde ekleyin ve hafifçe kızarıp çıtır hale gelinceye kadar birkaç dakika pişirin. Onları ters çevirin ve bir veya iki dakika daha pişirin. Kalan gnocchi ile aynı işlemi tekrarlayın.

h) Garbanzo Parsnip Gnocchi'yi marinara veya pesto gibi seçtiğiniz sosla sıcak olarak servis edin.

i) Dilerseniz garnitür olarak rendelenmiş parmesan peyniri, nar taneleri ve taze otlar da ekleyebilirsiniz.

10.Yaban havucu ve havuçlu börek

İÇİNDEKİLER:
- 225 gram Yabani havuç; rendelenmiş
- 2 orta boy Havuç; rendelenmiş
- 1 Soğan; rendelenmiş
- 3 yemek kaşığı Taze doğranmış frenk soğanı
- Tuz ve taze çekilmiş karabiber
- 2 orta boy Yumurta
- ½ paket domuz sosisi
- 100 gram güçlü kaşar peyniri
- 40 gram sade un
- 2 yemek kaşığı Taze kıyılmış maydanoz

TALİMATLAR:
a) Yaban havucu, havuç, soğan, frenk soğanı, baharat ve bir yumurtayı iyice karışıncaya kadar karıştırın. Dörde bölün ve kaba krep şeklinde düzleştirin.
b) Büyük bir kızartma tavasını ısıtın ve sosisleri 10 dakika boyunca ara sıra çevirerek altın rengi olana kadar pişirin.
c) Bu arada krepleri tavaya ekleyin ve her iki tarafı da altın rengi olana kadar 3'er dakika kızartın.
d) Sert bir macun oluşturmak için kalan malzemeleri karıştırın ve büyük bir kütük şekline getirin. Dörde bölün.
e) Sosisleri doğrayın ve böreklerin arasına bölün. Her birinin üzerine birer peynir dilimi koyun.
f) Önceden ısıtılmış ızgaranın altına yerleştirin ve köpürene ve eriyene kadar 5-8 dakika pişirin.
g) Hemen frenk soğanı ve Hint turşusu ile süslenmiş olarak servis yapın.

11.Yaban havucu kış çorbası

İÇİNDEKİLER:

- 1½ su bardağı sarı soğan – ince dilimlenmiş
- 1 bardak kereviz – ince dilimlenmiş
- 16 ons sebze suyu
- 3 su bardağı bebek ıspanak
- 4 su bardağı doğranmış yaban havucu, soyulmuş ve doğranmış
- 1 yemek kaşığı hindistancevizi yağı
- ½ bardak hindistan cevizi sütü

TALİMATLAR:

a) Büyük bir tavada orta ateşte yağı eritip soğanları ve kerevizleri kavurun.

b) Havuçları ve et suyunu ekleyip kaynatın.

c) Isıyı en aza indirin ve 20 dakika boyunca örtün.

d) Ispanağı ekleyin, iyice karıştırın, birleştirin, ocaktan alın ve çorbayı bir blenderde pürüzsüz hale gelinceye kadar gruplar halinde püre haline getirin.

e) Hindistan cevizi sütünü ekleyin ve hemen servis yapın.

RUTABAĞA

12. Barbekü Börekleri

İÇİNDEKİLER:
- 4 Dondurulmuş pasta kabuğu; çözülmüş
- 1¼ pound Çekilmiş domuz eti
- 4 orta boy Patates; doğranmış
- 1 büyük Soğan; doğranmış
- ¼ bardak Rutabaga; doğranmış
- 1 Havuç doğranmış
- ½ yemek kaşığı Adaçayı
- ½ yemek kaşığı Kekik
- Tuz ve biber

TALİMATLAR:
a) Tüm malzemeleri karıştırın ve her turta kabuğuna ¼ yerleştirin. Kesirli ay şekilli turtalar yapmak için hamuru dolgunun üzerine yerleştirin.
b) Kenarlarını kapatın ve üstte birkaç küçük yarık kesin.
c) ızgara yapın.

13. Rutabaga Patates Yahnisi

İÇİNDEKİLER:
- 1 pound yağsız kıyma
- 1 soğan, doğranmış
- 4 sap kereviz, doğranmış
- 3/4 bardak ketçap
- 7 bardak su
- 1/2 su bardağı bebek havuç
- 1 küçük rutabaga, doğranmış
- 4 büyük patates, doğranmış
- 1 küçük baş lahana, ince doğranmış

TALİMATLAR:

a) Bir tencerede kereviz, soğan ve hamburgeri orta ateşte etler kızarana kadar karıştırarak pişirin. Fazla yağı boşaltın.

b) Patates, şalgam, bebek havuç, su ve ketçapı karıştırın. Kaynamak.

c) 20 dakika kısık ateşte pişirin.

d) Kıyılmış lahanayı karıştırın. Sebzeler yumuşayana kadar 30-45 dakika kadar pişirin.

14. Kök Sebzeli Dana Yahni

İÇİNDEKİLER:
- 1 pound yağsız kıyma (%90 yağsız)
- 1 orta boy soğan, doğranmış
- 2 kutu (her biri 14-1/2 ons) sodyumu azaltılmış sığır suyu
- 1 orta boy tatlı patates, soyulmuş ve küp şeklinde
- 1 su bardağı küp küp doğranmış havuç
- 1 bardak küp şeklinde soyulmuş rutabaga
- 1 su bardağı küp küp soyulmuş yaban havucu
- 1 su bardağı küp küp soyulmuş patates
- 2 yemek kaşığı domates salçası
- 1 çay kaşığı Worcestershire sosu
- 1/2 çay kaşığı kurutulmuş kekik
- 1/4 çay kaşığı tuz
- 1/4 çay kaşığı biber
- 1 yemek kaşığı mısır nişastası
- 2 yemek kaşığı su

TALİMATLAR:
a) Büyük bir su ısıtıcısında veya Hollanda fırınında, soğanı ve sığır etini pembe kalmayıncaya kadar orta ateşte pişirin; sonra boşaltın.

b) Biber, tuz, kekik, Worcestershire sosu, domates salçası, sebzeler ve et suyu ekleyin. Kaynamaya izin verin. Daha düşük ısı; Sebzeler yumuşayana kadar 30-40 dakika kapağı kapalı olarak pişirin.

c) Küçük bir kapta suyu ve mısır nişastasını pürüzsüz hale gelinceye kadar birleştirin; güveçte karıştırın. Kaynamaya ayarlayın; koyulaşana kadar 2 dakika pişirin ve karıştırın.

15.Kök Sebzeli Hindi Sosis

İÇİNDEKİLER:
- 1 paket (14 ons) füme hindi kielbasa, 1/2-inç parçalar halinde kesilmiş
- 1 orta boy soğan, doğranmış
- 1 bardak küp şeklinde soyulmuş rutabaga
- 1 su bardağı dilimlenmiş havuç
- 1 çay kaşığı kanola yağı
- 4 su bardağı küp küp soyulmuş patates
- 1 kutu (14-3/4 ons) sodyumu azaltılmış tavuk suyu
- 1 çay kaşığı kurutulmuş kekik
- 1/4 çay kaşığı ovuşturulmuş adaçayı
- 1/4 çay kaşığı biber
- 1 defne yaprağı
- 1/2 orta boy lahana, 6 parçaya bölünmüş
- 1 çay kaşığı çok amaçlı un
- 1 yemek kaşığı su
- 1 yemek kaşığı kıyılmış taze maydanoz
- 2 çay kaşığı elma sirkesi

TALİMATLAR:

a) Havuç, rutabaga, soğan ve sosisleri Hollanda fırınında yağla soğan yumuşayana kadar veya yaklaşık 5 dakika pişirin. Defne yaprağını, biberi, adaçayı, kekiği, et suyunu ve patatesi koyun. Kaynamak. Üstüne lahana dilimlerini ekleyin. Isıyı azaltın ve lahana ve patatesler yumuşayana kadar veya yaklaşık 20 ila 25 dakika kadar kapağı kapalı olarak pişirin.

b) Lahanayı dikkatlice sığ bir servis kasesine aktarın; sonra sıcak tutun. Defne yaprağını çıkarın. Su ve unu kıvam alana kadar karıştırın

c) düz; sosis karışımına karıştırın. Kaynatın ve koyulaşana kadar veya yaklaşık 2 dakika karıştırarak pişirin. Sirke ve maydanozu karıştırın. Bir kaşık yardımıyla lahanaların üzerine ekleyin.

16.Zengin Macar Gulaş Çorbası

İÇİNDEKİLER:
- 1-1/4 pound sığır eti güveç, 1 inç küpler halinde kesilmiş
- 2 yemek kaşığı zeytinyağı, bölünmüş
- 4 orta boy soğan, doğranmış
- 6 diş sarımsak, kıyılmış
- 2 çay kaşığı kırmızı biber
- 1/2 çay kaşığı kimyon tohumu, ezilmiş
- 1/2 çay kaşığı biber
- 1/4 çay kaşığı acı biber
- 1 çay kaşığı tuzsuz baharat karışımı
- 2 kutu (her biri 14-1/2 ons) sodyumu azaltılmış sığır suyu
- 2 su bardağı küp küp soyulmuş patates
- 2 su bardağı dilimlenmiş havuç
- 2 su bardağı küp küp soyulmuş şalgam
- 2 kutu (her biri 28 ons) doğranmış domates, süzülmemiş
- 1 büyük tatlı kırmızı biber, doğranmış
- 1 bardak (8 ons) yağsız ekşi krema

TALİMATLAR:
a) Hollandalı bir fırında, orta ateşte 1 yemek kaşığı yağda kahverengi sığır eti. Sığır eti çıkarın; damlamaların drenajına izin verin.

b) Daha sonra kalan yağı aynı tavada ısıtın; sarımsakları ve soğanları orta ateşte hafifçe kızarana kadar 8-10 dakika soteleyin. Baharat karışımını, kırmızı biberi, karabiberi, kimyonu ve kırmızı biberi ekleyin; bir dakika pişirin ve karıştırın.

c) Sığır eti tekrar tavaya koyun. Rutabagas, havuç, patates ve et suyu ekleyin; kaynatın. Daha sonra ısıyı azaltın; 1 1/2 için örtün ve güveç

d) saat kadar veya et neredeyse yumuşayana ve sebzeler yumuşayana kadar.

e) Kırmızı biber ve domatesleri koyun; kaynamaya dönün. Daha sonra ısıyı azaltın; üzerini örtün ve 30-40 dakika daha veya et ve yeşillikler yumuşayana kadar pişirin. Ekşi krema ile tadını çıkarın.

17. Kök Sebzeli Karabuğday Fırında

İÇİNDEKİLER:
- Zeytinyağı pişirme spreyi
- 2 büyük patates, küp şeklinde
- 2 havuç, dilimlenmiş
- 1 küçük rutabaga, küp şeklinde
- 2 kereviz sapı, doğranmış
- ½ çay kaşığı füme kırmızı biber
- ¼ bardak artı 1 yemek kaşığı zeytinyağı, bölünmüş
- 2 dal biberiye
- 1 su bardağı karabuğday kabuğu çıkarılmış tane
- 2 su bardağı sebze suyu
- 2 diş sarımsak, kıyılmış
- ½ sarı soğan, doğranmış
- 1 çay kaşığı tuz

TALİMATLAR:
a) Hava fritözünü 380°F'ye önceden ısıtın. 5 bardak kapasiteli güveç kabının içini zeytinyağı pişirme spreyi ile hafifçe kaplayın. (Güveç kabının şekli fritözün boyutuna bağlı olacaktır ancak en az 5 fincan alabilecek kapasitede olması gerekir.)

b) Büyük bir kapta patatesleri, havuçları, şalgamı ve kerevizi kırmızı biber ve ¼ bardak zeytinyağıyla karıştırın.

c) Sebze karışımını hazırlanan güveç kabına dökün ve üzerine biberiye dallarını ekleyin. Güveç kabını hava fritözüne yerleştirin ve 15 dakika pişirin.

d) Sebzeler pişerken karabuğday tanelerini yıkayıp süzün.

e) Orta-yüksek ateşte orta boy bir tencerede, kabuğu çıkarılmış taneleri, sebze suyunu, sarımsağı, soğanı ve tuzu kalan 1 çorba kaşığı zeytinyağıyla birleştirin. Karışımı kaynatın, ardından ısıyı en aza indirin, kapağını kapatın ve 10 ila 12 dakika pişirin.

f) Güveç kabını hava fritözünden çıkarın. Biberiye dallarını çıkarın ve atın. Pişmiş karabuğdayı sebzelerin bulunduğu tabağa dökün ve karıştırarak karıştırın. Alüminyum folyo ile örtün ve 15 dakika daha pişirin.

g) Servis yapmadan önce karıştırın.

18. Kavrulmuş Kök Sebzeli Levrek

İÇİNDEKİLER:

- 1 havuç, küçük doğranmış
- 1 yaban havucu, küçük doğranmış
- 1 rutabaga, küçük doğranmış
- ¼ bardak zeytinyağı
- 2 çay kaşığı tuz, bölünmüş
- 4 adet levrek filetosu
- ½ çay kaşığı soğan tozu
- 2 diş sarımsak, kıyılmış
- 1 limon, dilimlenmiş, ayrıca servis için ilave dilimler

TALİMATLAR:

a) Hava fritözünü 380°F'ye önceden ısıtın.

b) Küçük bir kapta havuç, yaban havucu ve şalgamı zeytinyağı ve 1 çay kaşığı tuzla karıştırın.

c) Levrekleri kalan 1 çay kaşığı tuz ve soğan tozuyla hafifçe tatlandırın ve ardından tek kat halinde fritöz sepetine yerleştirin.

d) Sarımsakları her fileto üzerine yayın, ardından limon dilimleriyle kaplayın.

e) Hazırlanan sebzeleri balığın çevresine ve üstüne sepete dökün. 15 dakika kızartın.

f) İstenirse ilave limon dilimleri ile servis yapın.

19. Kök Sebzeli Etçil Dana Yahnisi

İÇİNDEKİLER:
- 2 lbs sığır eti güveç eti
- 1/3 bardak çok amaçlı un
- İnce deniz tuzunu sıkın
- 3 yemek kaşığı hayvansal yağ
- 3 bardak sığır eti stoku bölünmüş
- 6 Fransız arpacık soyulmuş ve yarıya bölünmüş
- 2 küçük soğan soyulmuş, 8'e bölünmüş
- 2 diş kıyılmış sarımsak
- 1 lb rutabaga soyulmuş ve 1 inç küpler halinde kesilmiş
- 3 orta boy havuç soyulmuş ve madeni paralar halinde kesilmiş
- 1 çay kaşığı Dijon hardalı

TALİMATLAR:
a) Fırını önceden 275°F'ye ısıtın.
b) Una 1 çay kaşığı ince deniz tuzunu karıştırın. Sığır eti üzerine 4 yemek kaşığı baharatlı un serpin ve sığır eti unun içine iyice atın.
c) Orta ateşte, 1 yemek kaşığı hayvansal yağı büyük bir Hollanda fırınında eritin.
d) Sığır eti ekleyin ve her parçayı maşayla çevirerek etin her tarafını kızartın. Bir kenara koyun.
e) Parlatmak için tavaya yaklaşık 1/2 bardak sığır eti suyu dökün; tüm kızarık parçaları çıkarmak için altını kazıyın. Bu sosu kızartılmış etin üzerine dökün.
f) Bir kaseye aktarın.
g) Orta ateşte bir çorba kaşığı hayvansal yağı tencerede eritin. Arpacık soğanı ve soğanı içine atın.
h) 2 dakika soteleyin ve ardından sarımsağı ekleyin; rutabaga'yı ve havuçları da ekleyin. Sebzelerin kenarları yumuşayana kadar 3-4 dakika soteleyin.
i) Kalan baharatlı unu sebzelerin üzerine serpin (yaklaşık 2 yemek kaşığı) ve kaplamak için iyice karıştırın.
j) Yaklaşık bir dakika pişirin, ardından kalan et suyunu dökün.
k) Sığır eti ve tüm meyve sularını tekrar tencereye alın. Dijon'u ekleyin. İyice karıştırın. Tencereyi sıkı bir kapakla kapatın ve fırına koyun.

l) Güveci 3 saat boyunca yavaş yavaş pişirin. Kapağı çıkarın ve bir saat daha pişirin. Servis yapmadan önce güvecin yaklaşık 15 dakika soğumasını bekleyin.
m) Patates püresiyle servis yapın.

20.Tapyoka Çorbası ve Sonbahar Sebzeleri

İÇİNDEKİLER:

- 3 su bardağı sebze suyu
- 1 dal biberiye
- 4 yaprak adaçayı
- 1 portakal, suyu ve rendelenmiş kabuğu
- 1 küçük rutabaga, jülyen şeklinde kesilmiş
- 3 havuç, dilimlenmiş
- 1 tatlı patates, soyulmuş, uzunlamasına kesilmiş ve dilimlenmiş
- 10 turp, dörde bölünmüş
- 2 su bardağı (500 ml) soya sütü
- 1 çay kaşığı (5 ml) köri tozu
- 1 çay kaşığı öğütülmüş zencefil
- 1/2 çay kaşığı öğütülmüş zerdeçal
- 1/4 bardak büyük tapyoka incileri
- 1/2 kırmızı soğan, ince doğranmış
- 1 yemek kaşığı kıyılmış düz yapraklı maydanoz
- 1 yemek kaşığı kabak çekirdeği

TALİMATLAR:

a) Sebze suyunu biberiye, adaçayı ve portakal suyuyla ısıtın.

b) Kaynatın ve şalgamı, havuçları, tatlı patatesleri ve turpları ekleyin. Yaklaşık 15 dakika pişirin. Bir kenara koyun.

c) Başka bir tencerede soya sütünü köri, zencefil ve zerdeçal ile ısıtın.

d) Kaynamaya bırakın, tapyoka serpin ve 20 dakika boyunca veya tapyoka yarı saydam hale gelinceye kadar yavaşça pişirin.

e) Et suyunu sebzelerle ısıtın, biberiyeyi ve adaçayı çıkarın ve son dakikada tapyoka karışımını, portakal kabuğu rendesini, soğanı, kabak çekirdeğini ve maydanozu ekleyin.

21.Rutabaga'lı Fermente Kıyılmış Salata

İÇİNDEKİLER:

- 1 turp, ince doğranmış
- ½ küçük soğan, ince doğranmış
- ½ inçlik parçalar halinde doğranmış 1 şalgam
- 1 havuç, yarım santimlik parçalar halinde doğranmış
- ½ inçlik parçalar halinde doğranmış 3 küçük elma
- 1 inç uzunluğunda doğranmış bir avuç yeşil fasulye
- 1 rutabaga, ½ inçlik parçalar halinde doğranmış
- 1 ila 2 üzüm yaprağı, lahana yaprağı veya diğer büyük yapraklı yeşillikler (isteğe bağlı)
- 3 yemek kaşığı rafine edilmemiş ince deniz tuzu veya 6 yemek kaşığı rafine edilmemiş iri deniz tuzu
- 1 litre (veya litre) filtrelenmiş su

TALİMATLAR:

a) Orta boy bir kapta turp, soğan, şalgam, havuç, elma, yeşil fasulye ve şalgamı bir araya getirin; küçük bir tencereye aktarın.

b) malzemelerinin üzerine yerleştirin ve gıdaya uygun ağırlıklar veya bir kavanoz veya kase su ile tartın.

c) Bir sürahide veya büyük bir ölçüm kabında, tuzu suda eritin, gerekirse tuzun çözünmesini teşvik etmek için karıştırın. Salamurayı salatanın üzerine dökün, üzerini bir kapak veya bezle örtün ve bir hafta mayalanmaya bırakın.

d) Ağırlıkları çıkarın ve üzüm yapraklarını veya diğer yapraklı yeşillikleri çıkarın ve atın. Kavanozlara veya bir kaseye dökün, üzerini kapatın ve salatanın altı aydan bir yıla kadar dayanacağı buzdolabında saklayın.

22.Güz Tavuk Ve Kök Sebze Çorbası

İÇİNDEKİLER:
- 1 Paket Kremalı Çorba Tabanı, hazırlanmış
- 1 lb. Tavuk göğsü, kemiksiz, derisiz
- ¼ bardak Limon suyu
- 4 adet Ezilmiş sarımsak karanfilleri
- ¼ bardak zeytinyağı
- 8 oz. Soğan doğranmış
- 8 oz. Tatlı patates, soyulmuş ve doğranmış
- 115 gram. Yaban havucu, soyulmuş ve doğranmış
- 115 gram. Havuç, soyulmuş ve doğranmış
- 115 gram. Rutabaga, soyulmuş ve doğranmış
- 115 gram. Şalgam, soyulmuş ve doğranmış
- 2 adet Sarımsak karanfilleri, kıyılmış
- 3 su bardağı Tavuk Tabanı, hazırlanmış
- ¼ bardak Adaçayı, taze, doğranmış
- Gerektikçe Kaşer tuzu ve kırık biber
- İstenildiği kadar Bebek Roka, kızartılmış (isteğe bağlı)

TALİMATLAR:
a) Kremalı Çorba Tabanını paketin üzerindeki talimatlara göre hazırlayın.

b) Tavuk göğüslerini, limon suyunu, sarımsağı ve zeytinyağını fermuarlı bir torbada birleştirin ve buzdolabında 1 saat marine edin.

c) Konveksiyon fırınını 375°F'ye önceden ısıtın. Süzülmüş tavukları parşömen kaplı tepsiye yerleştirin, tuz ve karabiberle tatlandırın. Her iki tarafta 12 dakika veya iç sıcaklık 165°F'a ulaşana kadar kızartın. Tavuğu soğutup çekin.

d) Ayrı bir tencerede tereyağını eritin. Soğan, tatlı patates, yaban havucu, havuç, şalgam ve şalgam ekleyin. Soğanlar yarı saydam oluncaya kadar pişirin.

e) Hazırlanan Tavuk Tabanını sebze karışımına ekleyin, kaynatın, ısıyı azaltın ve sebzeler yumuşayana kadar pişirin.

f) Hazırlanan Kremalı Çorba Tabanı, çekilmiş tavuk ve doğranmış adaçayı ekleyin. Orta ateşte yerleştirin ve Çorba 165°F'ye ulaşana kadar pişirin. Servis için bekleyin.

g) İsteğe göre tatlandırın ve kızartılmış roka ile süsleyin.

23. Güz Festivali Hindi Çorbası

İÇİNDEKİLER:
- 2,5 oz. Tereyağı
- 12,5 oz. Soğan, beyaz, doğranmış
- 12,5 oz. Yaban havucu, soyulmuş, doğranmış
- 12,5 oz. Şalgam, soyulmuş, doğranmış
- 12,5 oz. Rutabagas, soyulmuş, doğranmış
- 12,5 oz. Havuç, soyulmuş, doğranmış
- 12,5 oz. Tatlı patates, soyulmuş, doğranmış
- 2,5 qt. Türkiye Üssü
- 1 adet Kremalı Çorba Tabanı, 25.22 oz. çanta hazırlandı
- 40 oz. Hindi göğsü, kavrulmuş, doğranmış
- ½ bardak Adaçayı, taze, doğranmış
- Gerektiği kadar Kaşer tuzu
- İstenildiği kadar Pul biber
- İstenildiği kadar kaşar peyniri rendelenmiş

TALİMATLAR:
a) Orta ateşte büyük bir stok tenceresinde tereyağını eritin. Soğanları, yaban havuçlarını, şalgamları, şalgamları, havuçları ve tatlı patatesleri 10 dakika soteleyin.

b) Hindi tabanını sebze karışımına ekleyin, kaynatın, ısıyı azaltın ve sebzeler yumuşayana kadar yaklaşık 20 dakika pişirin.

c) Kremalı Çorba Tabanı, hindi ve adaçayı ekleyin. Birleştirmek için karıştırın, 30 dakika veya tamamen ısıtılıncaya kadar pişirin. Baharatları tadın ve ayarlayın.

d) Kaşar peyniri ile süsleyin.

24.Kuzu ve Kök Sebze Çorbası

İÇİNDEKİLER:

- 1 lb. kuzu güveç eti, küp şeklinde
- 1 soğan, doğranmış
- 2 diş sarımsak, kıyılmış
- 2 su bardağı tavuk suyu
- 1 su bardağı doğranmış yaban havucu
- 1 bardak doğranmış rutabaga
- 1 su bardağı doğranmış havuç
- 1 su bardağı doğranmış patates
- 1 çay kaşığı. Kekik
- Tuz ve biber
- Zeytin yağı

TALİMATLAR:

a) Büyük bir tencerede veya Hollandalı fırında, orta-yüksek ateşte biraz zeytinyağını ısıtın.

b) Kuzu eti ekleyin ve her tarafı kızarana kadar pişirin.

c) Kuzuyu oluklu bir kaşıkla çıkarın ve bir kenara koyun.

d) Soğanı ve sarımsağı tencereye ekleyin ve yumuşayana kadar yaklaşık 5 dakika pişirin.

e) Tavuk suyunu, yaban havuçlarını, şalgamı, havuçları, patatesleri ve kekiği ekleyip kaynatın.

f) Isıyı azaltın ve 45-50 dakika veya sebzeler yumuşayana kadar pişirin.

g) Kuzu eti tekrar tencereye ekleyin ve 5-10 dakika daha veya iyice ısınana kadar pişirin.

h) Tuz ve karabiber ile tatlandırıp sıcak olarak servis yapın.

25.Rutabaga ile Öküz Kuyruğu Çorbası

İÇİNDEKİLER:

- 3 ½ pound Öküz kuyruğu
- 3 adet defne yaprağı
- 1 Kereviz Sapı, doğranmış
- 2 su bardağı Yeşil Fasulye
- 1 Rutabaga, doğranmış
- 14 ons konserve doğranmış domates
- ¼ bardak Ghee
- 1 Kekik Dal
- 1 Biberiye Dal
- 2 Pırasa, dilimlenmiş
- 2 ½ litre Su
- 2 yemek kaşığı. Limon suyu
- ¼ çay kaşığı öğütülmüş karanfil
- Tatmak için biber ve tuz

TALİMATLAR:

a) IP'nizdeki yağı SAUTE'da eritin.
b) Öküz kuyruklarını ekleyin ve kızarana kadar pişirin. Burada gruplar halinde çalışmanız gerekebilir.
c) Suyu üzerine dökün ve kekik biberiye, defne yaprağı ve karanfili ekleyin.
d) 1 saat boyunca YÜKSEK derecede pişirin.
e) Doğal bir basınç tahliyesi yapın.
f) Eti IP'den çıkarın ve bir kesme tahtası üzerinde parçalayın.
g) Rutabaga ve pırasayı tencereye ekleyip kapağını kapatın.
h) 5 dakika boyunca YÜKSEK derecede pişirin.
i) Kalan sebzeleri ekleyin ve 7 dakika daha pişirin.
j) Eti ekleyip tekrar kapatın.
k) 2 dakika boyunca YÜKSEK pişirin.
l) Limon suyunu ekleyip tuz ve karabiberle tatlandırın.
m) Servis yapın ve tadını çıkarın!

26.Begedil Patates Köftesi

İÇİNDEKİLER:

- Rutabaga
- Karnabahar
- 2 küçük arpacık soğan
- yemek kaşığı. Dana kıyma
- 1 yemek kaşığı. doğranmış Kereviz Yaprakları
- 1 yemek kaşığı. doğranmış Yeşil Soğan
- 1/2 çay kaşığı. Beyaz Biber (veya Karabiber)
- 1/4 çay kaşığı. Tuz
- 1 adet büyük yumurta (çok az kullanıldı)
- 4 yemek kaşığı. Hindistancevizi yağı

TALİMATLAR:

a) 5 oz dilimleyin. Rutabaga'yı küçük parçalara ayırın ve 1 yemek kaşığı ile kahverengi olana kadar kızartın. Hindistancevizi yağı.

b) Kızartılmış Rutabaga'yı havan tokmağı ve havan tokmağıyla yumuşayana kadar dövün. Alternatif olarak bir mutfak robotu kullanın. İşiniz bittiğinde bir kenara koyun.

c) Mikrodalga 5 oz. Karnabaharı yumuşayıncaya kadar havanda ve havanda dövün (veya bir mutfak robotu kullanın).

d) 2 adet arpacık soğanı ince ince dilimleyin. Küçük ve sığ bir wok ile (daha derin bir yağ oluşturmak için ancak çok az kullanılır) ve 1 yemek kaşığı. Hindistan Cevizi Yağı, kahverengileşene ve çıtır olana kadar fakat yanmadan kızartın. Bir kenara koyun.

e) Aynı yağla 4 yemek kaşığı soteleyin. Kıyma kahverengi olana kadar. Tatmak için Tuz ve Biber ile tatlandırın.

f) Bir kaseye dövülmüş Rutabaga ve Karnabaharı, kızarmış Arpacık soğanını, pişmiş Kıymayı, 1 yemek kaşığı ekleyin. Kereviz Yaprağı ve Yeşil Soğanın her biri, 1/2 çay kaşığı. Beyaz Biber (veya Karabiber) ve 1/4 Tuz. İyice karıştırın.

g) Yaklaşık 1 yemek kaşığı toplayın. Karışımdan alıp küçük köfte şekline getirin. Toplamda 10 adet köfte yaptım.

h) Başka bir kapta 1 yumurtayı çırpın ve her köfteyi tamamen kaplayın (her birini kızartmadan önce yapın).

i) Köfteleri Hindistan Cevizi Yağı ile kahverengileşinceye kadar gruplar halinde kızartın. 2 yemek kaşığı kullandım. Bunun için toplam Hindistan Cevizi Yağı (iki parti, her biri 1 yemek kaşığı).

j) Güveçle veya tek başına servis yapın

27.Hasat Sebzeleri ve Kinoa

İÇİNDEKİLER:

- 1½ bardak Kinoa
- 4 bardak Su
- ½ çay kaşığı Tuz
- 1 orta boy Şalgam; soyulmuş ve küp şeklinde
- 4 orta boy havuç
- 1 küçük Rutabaga; soyulmuş ve küp şeklinde
- 1 su bardağı soyulmuş küp küp doğranmış balkabağı
- 1 çay kaşığı Zeytinyağı
- 1 küçük Sarı soğan; doğranmış
- 1 büyük diş sarımsak; kıyılmış
- ¼ bardak doğranmış taze adaçayı yaprağı
- Tuz ve beyaz biber

TALİMATLAR:

a) Orta boy bir tencerede durulanmış kinoayı su ve tuzla birleştirin. Kaynatın, ardından kapağı kapalı olarak pişene kadar (yaklaşık 10 dakika) pişirin. Süzün, soğuk suyla durulayın ve bir kenara koyun.

b) Şalgam, havuç, şalgam ve kabağı büyük bir tencerede sebze buharlayıcıyla birleştirin. Sebzeleri 7 ila 10 dakika veya yumuşayana kadar buharda pişirin

c) Büyük yapışmaz tavada, soğanı ve sarımsağı yağda, soğan yumuşayana kadar yaklaşık 4 dakika soteleyin. Adaçayı yapraklarını karıştırın ve adaçayı hafifçe kızarıp kokulu hale gelinceye kadar 1 ila 2 dakika pişirin.

d) Tavaya kinoa ve sebzeleri ekleyin ve birleştirmek için iyice karıştırın. Tatlandırmak için tuz ve karabiber ekleyin, gerekirse ısıtın ve sıcak olarak servis yapın.

28. Klasik Pot-Au-Feu

İÇİNDEKİLER:
- 2 yemek kaşığı zeytinyağı
- ½ çay kaşığı karabiber
- 4 kereviz sapı, küp şeklinde
- 4 havuç, soyulmuş ve küp şeklinde doğranmış
- 4 Yukon Altın patates, küp şeklinde
- 4½ su bardağı su
- 1 sarımsak baş, çapraz olarak ikiye bölünmüş
- 1¾ çay kaşığı koşer tuzu
- 5 dal taze kekik
- 2 kiloluk ayna kızartma, kemikleri alınmış ve kesilmiş
- 3 defne yaprağı
- 2 pırasa, boyuna ikiye bölünmüş
- 1 rutabaga, küp şeklinde
- ¼ bardak krema Fraiche
- 1½ pound kemikli dana kısa kaburga, kesilmiş
- 2 yemek kaşığı ince dilimlenmiş taze frenk soğanı
- Kornişonlar
- Dijon hardalı
- Hazır yaban turpu

TALİMATLAR:
a) Yapışmaz bir tavayı orta ateşte ısıtın. Kızartmayı sıcak tavada yağda, her tarafı kahverengiye dönecek şekilde 5 dakika pişirin.
b) Tuz ve karabiberle iyice tatlandırın.
c) Kızartmayı 6 litrelik Yavaş Pişiriciye taşıyın.
d) Kaburgaları sıcak tavada ayrılmış damlamalara ekleyin ve her tarafı kahverengiye dönerek 6 dakika pişirin.
e) Kaburgaları Yavaş Pişiriciye aktarın ve damlamalarını tavada saklayın. Sıcak tavada ayrılmış damlamalara kekik, defne yaprağı, sarımsak ve su ekleyin, tavanın dibindeki kahverengileşmiş parçaları gevşetmek için karıştırın; Yavaş Pişiriciye dökün.
f) 5 saat boyunca yavaş pişirin.
g) Rutabaga, pırasa, kereviz, patates, havuç ve şalgamı karıştırın. Yavaş pişirin, yaklaşık 3 saat.
h) sarımsakları, kekik dallarını ve defne yapraklarını atın.

i) Rostoyu dilimleyin ve servis tabağında kaburga eti, pırasa yarımları, kereviz, patates, havuç ve şalgamla birlikte servis yapın.

j) Üzerine istenilen miktarda pişirme sıvısı dökün ve taze krema, frenk soğanı, kornişon, Dijon hardalı, yaban turpu ve kalan pişirme sıvısıyla birlikte servis yapın.

29. Peynirli Pastırma Lokmaları

İÇİNDEKİLER:

- 1/2 pound rutabaga, rendelenmiş
- 4 dilim etli pastırma, doğranmış
- 7 ons Gruyère peyniri, kıyılmış
- 3 yumurta, dövülmüş
- 3 yemek kaşığı badem unu
- 1 çay kaşığı toz sarımsak
- 1 çay kaşığı arpacık soğanı tozu
- Tatmak için deniz tuzu ve öğütülmüş karabiber

TALİMATLAR:

a) Instant Pot'a 1 bardak su ve metal bir sacayağı ekleyin.

b) bileşenlerin tümünü, her şey iyice birleşene kadar karıştırın.

c) Karışımı önceden yapışmaz pişirme spreyi ile yağlanmış bir silikon bölme tepsisine koyun. Tepsiyi bir alüminyum folyo tabakasıyla örtün ve sac ayağının üzerine indirin.

d) Kapağı sabitleyin. "Manuel" modu ve Düşük basıncı seçin; 5 dakika pişirin. Pişirme tamamlandığında, hızlı bir basınç tahliyesi kullanın; kapağı dikkatlice çıkarın. Afiyet olsun!

ŞALGAM

30.Şalgam ve Soğan Güveç

İÇİNDEKİLER:
- 2½ lbs. sarı şalgam veya şalgam (yaklaşık 8 bardak doğranmış)
- ⅔ fincan ince doğranmış yağlı ve yağsız taze domuz eti veya yan domuz eti; veya 3 yemek kaşığı tereyağı veya yemeklik yağ
- ⅔ bardak ince doğranmış soğan
- 1 yemek kaşığı un
- ¾ su bardağı et bulyon
- ¼ çay kaşığı adaçayı
- Tuz ve biber
- 2 ila 3 yemek kaşığı taze kıyılmış maydanoz

TALİMATLAR:
a) Şalgamları soyun, dörde bölün, ardından ½ inçlik dilimler halinde kesin; dilimleri ½ inçlik şeritler halinde ve şeritleri ½ inçlik küpler halinde kesin. Kaynayan tuzlu suya atın ve kapağı açık olarak 3 ila 5 dakika veya hafif yumuşayana kadar kaynatın. Boşaltmak.

b) Domuz eti kullanıyorsanız, 3 litrelik bir tencerede çok hafif kızarana kadar yavaşça soteleyin; aksi takdirde tavaya tereyağı veya sıvı yağ ekleyin. Soğanları karıştırın, kapağını kapatın ve 5 dakika boyunca kararmadan yavaşça pişirin. Unu ekleyip 2 dakika kadar yavaş yavaş pişirin.

c) Ateşten alın, bulyonu ekleyin, tekrar ateşe verin ve kaynamaya bırakın. Adaçayı ekleyin, ardından şalgamları katlayın. Tuz ve karabiberle tatlandırın.

d) Tavayı kapatın ve yavaşça 20 ila 30 dakika veya şalgamlar yumuşayana kadar pişirin.

e) Sos çok sıvıysa, kapağını açın ve sıvı azalıp koyulaşana kadar birkaç dakika yavaşça kaynatın. Doğru baharat. (Önceden pişirilebilir. Kapağını açmadan soğutun; servis etmeden önce kapağını kapatıp birkaç dakika pişirin.)

f) Servis yapmak için maydanozu katlayın ve sıcak servis tabağına alın.

31.Büyücü Şalgam Şarabı

İÇİNDEKİLER:

- 6 lbs. şalgam veya şalgam
- 1 galon su
- 2½ lbs. şeker veya 3 lbs. Bal
- 3 portakalın kabuğu rendesi ve suyu
- 2 büyük limonun veya 3 çay kaşığının suyu ve kabuğu rendesi. asit karışımı
- 1 çay kaşığı. maya besin
- ¼ çay kaşığı. tanen
- 1 Campden tablet, ezilmiş (isteğe bağlı)
- ½ çay kaşığı. pektik enzim
- 1 paket şampanya veya şeri mayası

TALİMATLAR:

a) Şalgamları iyice fırçalayın, üst kısımlarını ve kök uçlarını kesin. Bunları soğuk suya doğrayın veya dilimleyin, ardından ısıtın. PİŞİRİN, 45 dakika kaynatmayın.

b) Narenciyenin kabuğunu çıkarın (beyaz kısmı yok) ve suyunu sıkın. Kabuğu, birincil fermentörün altındaki küçük bir naylon süzme torbasına yerleştirin.

c) Şalgamları (ve kullandıysanız karabiberleri) sudan süzün. İsterseniz yaban havuçlarını yemek olarak kullanabilirsiniz.

d) Yeterli miktarda yoksa daha sonra tekrar eklemek üzere suyun yaklaşık dörtte birini çıkarın. Yemek pişirirken buhardan ne kadar kaybettiğinizi söylemek zor. Şekeri veya balı ekleyin ve şeker eriyene kadar pişirin. Bal kullanıyorsanız, karıştırarak 10-15 dakika pişirin ve tüm köpükleri temizleyin.

e) Sıcak suyu, sterilize edilmiş bir birincil fermentöre lezzetin üzerine dökün. Meyve sularını ekleyin. (İsterseniz mayayı daha sonra başlatmak için biraz portakal suyu ve ekstra sebze suyu ayırabilirsiniz.) Bir galon şıra olup olmadığını kontrol edin. Değilse, ayrılmış su ile tamamlayın.

f) Limon kullanmadıysanız maya besinini, tanen ve asit karışımını ekleyin. Kapağı kapatın ve bir hava kilidi takın. Şarabı soğumaya bırakın ve kullanmayı seçerseniz Campden tabletini ekleyin. Campden tabletinden on iki saat sonra pektik enzimi ekleyin. Tableti

kullanmıyorsanız pektik enzimi eklemek için şıranın soğumasını bekleyin. Yirmi dört saat sonra PA'yı kontrol edin ve mayayı ekleyin.
g) Her gün karıştırın. İki hafta kadar sonra PA'yı kontrol edin. Lezzet torbasını kaldırın ve kabın içine geri akmasını sağlayın. Sıkmayın. Zest'i atın. Şarabın dinlenmesini bekleyin ve ikinci bir fermentöre koyun.
h) Tıkaç ve hava kilidi ile uyum sağlar. Önümüzdeki altı ay içinde gerektiği kadar raf yapın. PA'yı kontrol edin. Fermente olunca şişeleyin. Ben bu şarabı sek olarak tercih ediyorum. İsterseniz şişelemeden önce stabilizatör ve galon başına 2 ila 4 ons şeker şurubu ekleyerek şarabı tatlandırabilirsiniz.

32.Şükran Günü Kızarmış Şalgam

İÇİNDEKİLER:
- Yarım kilo şalgam, soyulmuş ve dilimler halinde kesilmiş
- 2 yemek kaşığı domates salçası
- 2 yemek kaşığı vegan tereyağı
- 1 soğan, soyulmuş ve doğranmış
- 1 çay kaşığı kurutulmuş kekik
- 1 havuç, soyulmuş ve doğranmış
- 1 defne yaprağı
- 2 sap kereviz, doğranmış
- Tuz ve biber
- 1½ bardak et suyu veya su
- 2 yemek kaşığı vegan tereyağı, yumuşatılmış
- 1 yemek kaşığı un

TALİMATLAR:
a) Bir tavada vegan tereyağını eritin. Soğanı, kerevizi ve havucu ekleyin.

b) Yaklaşık 5 dakika pişirin. Şalgam, soğan, havuç ve kereviz karışımına et suyunu, salçayı, kekiği ve defne yaprağını ekleyin.

c) 350°F fırında üstü kapalı olarak 30 ila 40 dakika pişirin.

d) Şalgamlar kızartılırken vegan tereyağı ve unla bir macun yapın.

e) Şalgamları servis tabağına aktarın ve kızartma tavasında sıcak tutun.

f) Bir tencereye, haşlama sıvısını süzün. Vegan tereyağı-un karışımından parçalar ekleyin ve koyulaşana kadar çırpın.

g) Tuz ve karabiberle tatlandırın ve ardından sosu şalgamların üzerine dökün.

33.Tayvanlı Şalgam Kek Çorbası

İÇİNDEKİLER:
ŞALGAM KEKİ İÇİN:
- 2 su bardağı pirinç unu
- 2 bardak su
- 2 su bardağı rendelenmiş şalgam (daikon turpu)
- ¼ bardak kurutulmuş karides, ıslatılmış ve kıyılmış
- ¼ bardak kurutulmuş mantar, ıslatılmış ve doğranmış
- 2 yemek kaşığı arpacık soğanı, kıyılmış
- 2 yemek kaşığı bitkisel yağ
- 2 yemek kaşığı soya sosu
- 1 çay kaşığı tuz
- ½ çay kaşığı beyaz biber

ÇORBA İÇİN:
- 4 su bardağı tavuk suyu
- 2 bardak su
- 2 yeşil soğan, doğranmış
- Tatmak için biber ve tuz

TALİMATLAR:
ŞALGAM KEKİ İÇİN:
a) Bir karıştırma kabında pirinç unu ve suyu birleştirin. Karışım pürüzsüz ve topaksız hale gelinceye kadar iyice karıştırın.
b) Bitkisel yağı büyük bir tavada ısıtın veya orta ateşte wok yapın.
c) Kıyılmış arpacık soğanı, kurutulmuş karidesleri ve kurutulmuş mantarları tavaya ekleyin. Kokusu çıkana kadar yaklaşık 2 dakika karıştırarak kavurun.
d) Rendelenmiş şalgamı tavaya ekleyin ve şalgam hafifçe yumuşayana kadar 2-3 dakika daha karıştırarak kızartın.
e) Pirinç unu karışımını tavaya dökün ve topaklanmayı önlemek için sürekli karıştırın.
f) Tavaya soya sosunu, tuzu ve beyaz biberi ekleyin. Tüm malzemeleri birleştirmek için iyice karıştırın.
g) Karışımı orta ateşte sürekli karıştırarak koyulaşıp yapışkan bir kıvam alana kadar pişirin.
h) Kare veya yuvarlak kek kalıbını yağlayın ve içine şalgamlı kek karışımını dökün. Yüzeyi pürüzsüzleştirin.

i) Şalgam kekini sertleşip tamamen pişene kadar yaklaşık 45-50 dakika yüksek ateşte buharda pişirin.
j) Şalgam pastasını buharlayıcıdan çıkarın ve tamamen soğumasını bekleyin.
k) Soğuduktan sonra şalgam kekini tavadan çıkarın ve istediğiniz parçalara bölün.

ÇORBA İÇİN:
l) Büyük bir tencerede tavuk suyu, su ve doğranmış yeşil soğanları birleştirin. Karışımı kaynatın.
m) Dilimlenmiş şalgam kekini tencereye ekleyin ve ısınması için yaklaşık 5 dakika kaynamaya bırakın.
n) Çorbayı tuz ve karabiberle tatlandırın.
o) Tayvanlı Şalgam Kek Çorbasını rahatlatıcı ve lezzetli bir yemek olarak sıcak olarak servis edin.

34.Şalgam Börekli Karışık Yeşiller

İÇİNDEKİLER:
- ¼ fincan tereyağı
- 1 su bardağı doğranmış soğan
- 1 su bardağı kıyılmış yeşil soğan
- 2 sap kereviz, doğranmış
- 2 yemek kaşığı ince kıyılmış zencefil
- 2 diş sarımsak, ince doğranmış
- Yeşil üstleri olan 1 kiloluk Bebek şalgamı
- 10 su bardağı Su
- 2 adet ekstra büyük tavuk bulyon küpü
- ½ bardak Sek beyaz şarap veya su
- ¼ bardak Mısır Nişastası
- 6 su bardağı paketlenmiş bütün taze ıspanak yaprağı
- 1¼ çay kaşığı Öğütülmüş karabiber
- ½ çay kaşığı Tuz
- ¼ bardak Elenmemiş çok amaçlı un
- 1 Büyük yumurta, hafifçe dövülmüş
- Kızartmak için bitkisel yağ

TALİMATLAR:
a) Yeşillikleri hazırlayın.
b) Soğuyan şalgamları irice rendeleyin.
c) Rendelenmiş şalgamları, unu, yumurtayı ve kalan ¼'er biber ve tuzu birleştirin.
d) Tavaya bir çay kaşığı dolusu fritöz karışımı ekleyin ve her iki tarafı da kahverengi oluncaya kadar çevirerek kızartın.

35.Hurma ve Daikon Temaki

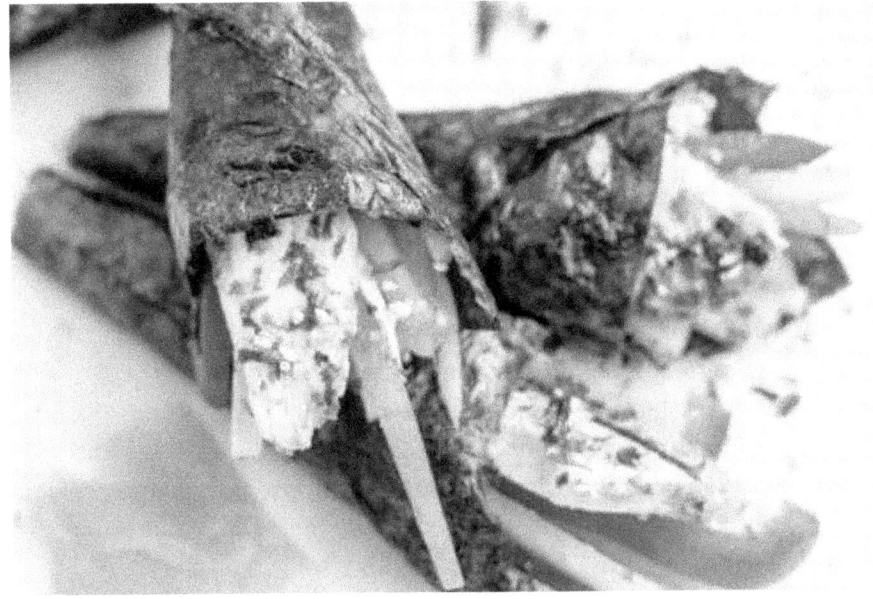

İÇİNDEKİLER :
- 1 bardak pişmemiş suşi pirinci
- 3 yemek kaşığı suşi baharatı
- 10 yaprak kızarmış suşi nori, ikiye bölünmüş
- 1 İngiliz salatalık
- 1 kırmızı dolmalık biber
- 6 ons konserve daikon, kibrit çöpü şeklinde kesilmiş
- 2 Fuyu hurması, soyulmuş ve kibrit çöpü şeklinde dilimlenmiş
- 2 avokado, çekirdekleri çıkarılmış ve dilimlenmiş
- üzeri için furikake

TALİMATLAR
a) Suşi pirincini paketteki talimatlara göre pişirin.
b) Pişirme işlemi bittiğinde yaklaşık 15 dakika soğutun.
c) Suşi baharatını karıştırın.
d) Nori kağıdının yarısını parlak tarafı aşağı bakacak şekilde bir tahtaya yerleştirin.
e) Norinin üzerine biraz pirinç dökün.
f) Norinin yarısını dolduracak şekilde pirinci yayın.
g) Norinin üzerine birkaç dilim salatalık, kırmızı biber, daikon ve hurma ekleyin.
h) Üzerine bir dilim avokado ekleyin ve üzerine biraz furikake sallayın.
i) Sağ alttan başlayarak, noriyi sonuna ulaşana kadar sola doğru yuvarlayın.
j) El rulosunu birkaç tane pirinçle kapatın. Diğer tüm nori sayfalarıyla tekrarlayın.

36.Kar Bezelye Vuruşu Daikon Ruloları

İÇİNDEKİLER:
- 1 salatalık, ince doğranmış
- 1 limonun suyu
- 1 yemek kaşığı kıyılmış nane yaprağı
- 1 yemek kaşığı tamari
- 1 yemek kaşığı turp filizi
- 12 shiso yaprağı
- 2 yemek kaşığı yuzu suyu
- 1 yemek kaşığı pirinç sirkesi
- 1 yemek kaşığı rendelenmiş havlıcan
- 1 daikon turp, 12 uzun şerit halinde ince dilimlenmiş
- 1 yemek kaşığı kar bezelyesi filizi, kıyılmış
- 1 olgun avokado, ince doğranmış
- Süslemek için siyah susam

TALİMATLAR:
a) Daikon sayfalarını çalışma yüzeyine yerleştirin.
b) Her daikon yaprağının üzerinde 1 shiso yaprağı bulunmalıdır.
c) Tamari, pirinç sirkesi, havlıcan ve limon suyunu bir kasede birleştirin; bir kenara koyun.
d) Kar bezelye filizlerini, avokado, salatalık ve naneyi bir kasede birleştirin.
e) Limon sosunu ekleyin ve karıştırın.
f) Karışımı daikon tabakaları arasında eşit olarak dağıtın ve her iki uca birer porsiyon yerleştirin.
g) Rulo sizden uzağa bakacak şekilde sıkıca sarın.
h) Ruloları servis tabağına aktarın, üzerine filizleri ve çiseleyen yuzu suyunu ekleyin.

TURP

37.Japon Lahana Salatası ile Kızarmış Yuzu Tavuk

İÇİNDEKİLER:
- 2 diş sarımsak, ezilmiş
- 2 çay kaşığı zencefil, rendelenmiş
- 25 gr tuzsuz tereyağı, eritilmiş
- ¼ bardak yuzu suyu veya limon suyu
- 2 yemek kaşığı hafif soya sosu
- 4 tavuk Maryland's
- ½ çay kaşığı susam yağı
- 1 yemek kaşığı fıstık yağı
- ½ çay kaşığı pudra şekeri
- Hizmet etmek için siyah susam tohumları
- Servis için limon dilimleri

Japon Lahana Salatası
- 1 avokado, ince dilimlenmiş
- 100 gr şekerli bezelye, uzunlamasına dilimlenmiş
- 3 turp, kesilmiş, ince dilimlenmiş
- 1 büyük havuç, ince kibrit çöpleri halinde kesilmiş
- ½ demet frenk soğanı, 4 cm uzunluğunda kesilmiş
- 150 gr yabani roka yaprağı

TALİMATLAR:
a) Sarımsak, zencefil, tereyağı, 2 yemek kaşığı yuzu ve 1 yemek kaşığı soya sosunu bir kasede birleştirin.

b) Tavuğu ekleyin ve kaplayın. Marine etmek için örtün ve 20 dakika buzdolabında saklayın.

c) Fırını 180°C'ye önceden ısıtın. Tavuğu boşaltın, turşuyu ayırın ve kurulayın.

d) Pişirme kağıdıyla kaplı bir fırın tepsisine yerleştirin ve her 15 dakikada bir, ayrılmış marinatla yağlayarak, 1 saat boyunca veya altın rengi oluncaya ve tamamen pişene kadar kızartın.

e) Bu arada lahana salatası malzemelerini bir kapta birleştirin. Ayrı bir kapta susam yağı, yer fıstığı yağı, şekeri ve kalan 2 yemek kaşığı yuzu ve 1 yemek kaşığı soyayı çırpın. Birleştirmek için lahana salatası ile atın.

f) Tavuk ve lahana salatası üzerine susam serpip üzerine limon sıkarak servis yapın.

38.Balık buğulama

İÇİNDEKİLER:

- 3½ bardak dashi veya su
- 2 su bardağı siyah pirinç, pişmiş
- 1 bardak kuru beyaz şarap
- 1 parça kombu, 3 x 3 inç
- 1 çay kaşığı zerdeçal tozu
- 2 adet defne yaprağı
- 2 yemek kaşığı kurutulmuş deniz yosunu
- koşer tuzu
- 2 adet siyah levrek veya kırmızı balığı filetosu, buharda pişirilmiş
- 5 ons shiitake mantarı, ikiye bölünmüş
- 2 su bardağı bezelye filizi
- 2 kırmızı turp, rendelenmiş
- 2 yemek kaşığı kıyılmış nane yaprağı

TALİMATLAR:

a) Et suyu, pirinç, şarap, kombu, tuz, zerdeçal tozu, defne yaprağı ve deniz yosununu bir Güveçte birleştirin.
b) 1 saat kadar kısık ateşte pişirin.
c) Balıkları pirincin üzerine koyun, ardından mantarları ekleyin.
d) Garnitür olarak nane, turp ve bezelye filizlerini ekleyin.

39.Mantarlı Japon Risotto

İÇİNDEKİLER:

- 4½ bardak Sebze stoğu; veya miso aşılanmış et suyu, tuzlu
- 1 çorba kaşığı Sızma zeytinyağı
- ½ fincan gül suşi pilavı
- ½ fincan Hatır
- Kaşer tuzu
- Taze çekilmiş karabiber
- ½ fincan Enoki mantarları
- ½ fincan Kıyılmış yeşil soğan
- ¼ bardak Turp filizi

TALİMATLAR:

a) Miso ile aşılanmış et suyu kullanıyorsanız, 1 çorba kaşığı misoyu 4½ bardak su ile birleştirin ve kaynatın. Isıyı azaltın ve kaynatın.

b) Bir tencerede zeytinyağını orta-yüksek ateşte ısıtın. İyice kaplanana kadar sürekli olarak tek yönde karıştırarak pirinci ekleyin. Tavayı ocaktan alın ve sakeyi ekleyin.

c) Ateşe dönün ve sıvının tamamı emilene kadar sürekli olarak tek yönde karıştırın. Et suyunu veya et suyunu yarım bardaklık artışlarla ekleyin ve her eklemede tüm sıvı emilene kadar sürekli karıştırın.

d) Tuz ve karabiberle tatlandırın. Servis kaselerine paylaştırıp mantar, yeşil soğan ve filizlerle süsleyip servis yapın.

e) Narin enoki mantarları, doğranmış yeşil soğan ve baharatlı turp filizleriyle süsleyin.

40.Fıstıklı pestolu tavuk kızartma

İÇİNDEKİLER:

- 25 gr kabuklu fıstık
- 1 büyük demet taze fesleğen, yaprakları ve sapları kabaca doğranmış
- 4 dal taze nane, yaprakları kabaca doğranmış
- Rendelenmiş kabuğu rendesi ve suyu ½ limon, artı ½ limon
- 125 ml sızma zeytinyağı
- 2 kg bütün serbest gezinen tavuk
- 125 ml sek beyaz şarap
- 200 gram ekşi mayalı ekmek, parçalara bölünmüş
- 200g karışık turp, büyükse yarıya veya dörde bölünmüş
- 250g kuşkonmaz
- Büyük bir avuç bezelye filizi

TALİMATLAR:

a) Fırını 200°C/180°C fan/gaza ısıtın 6. Antep fıstığı, fesleğen, nane ve limon kabuğu rendesini ve suyunu bir mini doğrayıcıda veya küçük mutfak robotunda kaba bir macun haline gelinceye kadar çırpın. 100 ml yağı gezdirin, ardından baharatlayın ve birleştirmek için çırpın. Pestonun yarısını küçük bir servis tabağına koyun ve bir kenara koyun.

b) Tavukları geniş, sığ bir kızartma kabına koyun. Boyun boşluğundan başlayarak deriyle et arasında bir cep oluşturmak için parmaklarınızı kullanın

c) göğüslerin. Pestoyu tavuğun derisinin altına bastırın ve fazlalığı deriye sürün. Kalan ½ limonu tavuğun üzerine sıkın ve ardından boşluğa yerleştirin. 20 dakika kızartın, ardından fırını 190°C/170°C fan/gaz ayarına düşürün 5.

d) Tavaya şarabı ve 125 ml suyu ekleyin ve tavuk iyice pişene kadar 40-50 dakika daha kavurun.

e) Tavuğu bir tahtaya koyun, folyoyla gevşek bir şekilde örtün ve dinlenmeye bırakın. Kavurma suyunu tenekeden bir sürahiye dökün. Kızartma kabına ekmeği, turpları ve kuşkonmazı ekleyin, suyun üstündeki yağın bir kısmını kaşıkla alın ve onu ekmek ve sebzelerle birlikte atın.

f) Baharatlayın, ardından sebze yumuşayana ve ekmek gevrekleşinceye kadar 12-15 dakika kızartın. Kalan meyve suyundaki yağları atın ve sos için bir tavada ısıtın.

g) Kalan pestoyu ve 25ml zeytinyağını karıştırıp tavuk ve sebzenin üzerine gezdirin. Yanında bezelye filizleri ve sosla servis yapın.

41. Bahçe Taze Pizza

İÇİNDEKİLER:
- İki adet soğutulmuş hilal rulosu
- İki paket kaju krem peyniri, yumuşatılmış
- ⅓ bardak mayonez
- 1,4 onsluk kuru sebze çorbası karışımı paketi
- 1 bardak turp, dilimlenmiş
- ⅓ bardak doğranmış yeşil dolmalık biber
- ⅓ bardak doğranmış kırmızı dolmalık biber
- ⅓ bardak doğranmış sarı dolmalık biber
- 1 su bardağı brokoli çiçeği
- 1 su bardağı karnabahar çiçeği
- ½ su bardağı doğranmış havuç
- ½ bardak doğranmış kereviz

TALİMATLAR:

a) Başka bir şey yapmadan önce fırınınızı 400 derece F'ye ayarlayın.

b) 11x14 inçlik jöle rulo tepsisinin alt kısmına hilal rulo hamurunu yayın.

c) Bir kabuk oluşturmak için dikiş yerlerini parmaklarınızla sıkıştırın.

d) Her şeyi fırında yaklaşık 10 dakika pişirin.

e) Her şeyi fırından çıkarın ve tamamen soğuması için bir kenara koyun.

f) Bir kapta mayonez, kaju krem peyniri ve sebze çorbası karışımını karıştırın.

g) Mayonez karışımını kabuğun üzerine eşit şekilde yerleştirin,

h) Sebzeleri eşit şekilde doldurun ve mayonez karışımına hafifçe bastırın.

i) Pizzayı plastik ambalajla örtün ve gece boyunca buzdolabında saklayın.

42. Kremalı Turp Çorbası

İÇİNDEKİLER:

- 1 demet turp, kesilmiş ve dilimlenmiş
- 1 soğan, doğranmış
- 2 diş sarımsak, kıyılmış
- 4 su bardağı sebze suyu
- 1 bardak ağır krema
- Tatmak için biber ve tuz
- Garnitür için taze frenk soğanı

TALİMATLAR:

a) Büyük bir tencerede turp, soğan ve sarımsağı yumuşayana kadar soteleyin.
b) Sebze suyunu ekleyip kaynatın. 10 dakika kaynatın.
c) Bir daldırma blenderi veya normal bir blender kullanarak çorbayı pürüzsüz hale gelinceye kadar püre haline getirin.
d) Ağır kremayı karıştırın ve tuz ve karabiberle tatlandırın.
e) Taze frenk soğanı ile süsleyerek sıcak servis yapın.

43.Baharatlı Turp ve Havuç Çorbası

İÇİNDEKİLER:

- 1 demet turp, kesilmiş ve dilimlenmiş
- 2 havuç, soyulmuş ve dilimlenmiş
- 1 soğan, doğranmış
- 2 diş sarımsak, kıyılmış
- 4 su bardağı sebze suyu
- 1 çay kaşığı kimyon
- ½ çay kaşığı kırmızı biber
- ¼ çay kaşığı acı biber
- Tatmak için biber ve tuz
- Garnitür için taze kişniş

TALİMATLAR:

a) Büyük bir tencerede turp, havuç, soğan ve sarımsağı yumuşayana kadar soteleyin.

b) Sebze suyu, kimyon, kırmızı biber ve kırmızı biberi ekleyin. Kaynatın ve 15 dakika pişirin.

c) Bir daldırma blenderi veya normal bir blender kullanarak çorbayı pürüzsüz hale gelinceye kadar püre haline getirin.

d) Tuz ve karabiberle tatlandırın.

e) Taze kişniş ile süsleyerek sıcak servis yapın.

44. Turp ve Patates Çorbası

İÇİNDEKİLER:
- 1 demet turp, kesilmiş ve dilimlenmiş
- 2 patates, soyulmuş ve doğranmış
- 1 soğan, doğranmış
- 2 diş sarımsak, kıyılmış
- 4 su bardağı sebze suyu
- ½ bardak süt veya krema
- Tatmak için biber ve tuz
- Garnitür için taze maydanoz

TALİMATLAR:

a) Büyük bir tencerede turp, patates, soğan ve sarımsağı yumuşayana kadar soteleyin.

b) Sebze suyunu ekleyip kaynatın. Sebzeler yumuşayana kadar 20 dakika kadar pişirin.

c) Bir daldırma blenderi veya normal bir blender kullanarak çorbayı pürüzsüz hale gelinceye kadar püre haline getirin.

d) Sütü veya kremayı karıştırın ve tuz ve karabiberle tatlandırın.

e) Taze maydanozla süsleyerek sıcak servis yapın.

45.Turp Yeşilleri Çorbası

İÇİNDEKİLER:

- 1 demet turptan yeşillikler, yıkanmış ve doğranmış
- 1 soğan, doğranmış
- 2 diş sarımsak, kıyılmış
- 4 su bardağı sebze suyu
- 1 yemek kaşığı zeytinyağı
- 1 limonun suyu
- Tatmak için biber ve tuz
- Garnitür için Yunan yoğurdu

TALİMATLAR:

a) Geniş bir tencerede soğanı ve sarımsağı zeytinyağında yumuşayana kadar soteleyin.

b) Turp yeşilliklerini ekleyin ve solana kadar birkaç dakika soteleyin.

c) Sebze suyunu ekleyip kaynatın. 10 dakika kaynatın.

d) Bir daldırma blenderi veya normal bir blender kullanarak çorbayı pürüzsüz hale gelinceye kadar püre haline getirin.

e) Limon suyunu ekleyip tuz ve karabiberle tatlandırın.

f) Bir parça Yunan yoğurtuyla süslenerek sıcak servis yapın.

46.Soğutulmuş Turp Çorbası

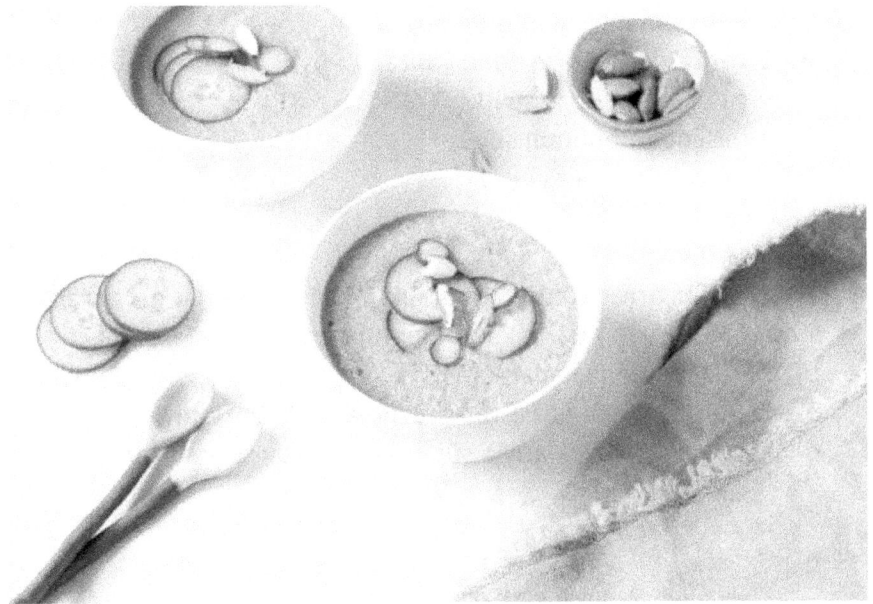

İÇİNDEKİLER:
- 1 demet turp, kesilmiş ve dilimlenmiş
- 1 salatalık, soyulmuş ve doğranmış
- 1 yeşil elma, soyulmuş ve doğranmış
- 2 yemek kaşığı taze nane yaprağı
- 2 su bardağı sebze suyu
- 1 misket limonunun suyu
- Tatmak için biber ve tuz

TALİMATLAR:

a) Bir karıştırıcıda turp, salatalık, yeşil elma, nane yaprağı, sebze suyu, limon suyu, tuz ve karabiberi birleştirin.
b) Pürüzsüz olana kadar karıştır.
c) Soğuması için en az 1 saat buzdolabında bekletin.
d) Taze nane yapraklarıyla süsleyerek soğuk servis yapın.

47. Turp ve Pancar Çorbası

İÇİNDEKİLER:
- 1 demet turp, kesilmiş ve dilimlenmiş
- 2 pancar, soyulmuş ve doğranmış
- 1 soğan, doğranmış
- 2 diş sarımsak, kıyılmış
- 4 su bardağı sebze suyu
- ¼ bardak sade Yunan yoğurdu
- 1 limonun suyu
- Tatmak için biber ve tuz

TALİMATLAR:

a) Büyük bir tencerede turp, pancar, soğan ve sarımsağı yumuşayana kadar soteleyin.

b) Sebze suyunu ekleyip kaynatın. Sebzeler yumuşayana kadar 20 dakika kadar pişirin.

c) Bir daldırma blenderi veya normal bir blender kullanarak çorbayı pürüzsüz hale gelinceye kadar püre haline getirin.

d) Yunan yoğurdu ve limon suyunu karıştırın. Tuz ve karabiberle tatlandırın.

e) Üzerine biraz Yunan yoğurdu ve bir tutam kıyılmış turp serperek sıcak servis yapın.

48. Turp ve Domates Çorbası

İÇİNDEKİLER:

- 1 demet turp, kesilmiş ve dilimlenmiş
- 4 domates, doğranmış
- 1 soğan, doğranmış
- 2 diş sarımsak, kıyılmış
- 4 su bardağı sebze suyu
- 2 yemek kaşığı domates salçası
- 1 yemek kaşığı zeytinyağı
- Tatmak için biber ve tuz
- Garnitür için taze fesleğen

TALİMATLAR:

a) Büyük bir tencerede turp, domates, soğan ve sarımsağı zeytinyağında yumuşayana kadar soteleyin.
b) Sebze suyunu ekleyip kaynatın. Sebzeler yumuşayana kadar 20 dakika kadar pişirin.
c) Bir daldırma blenderi veya normal bir blender kullanarak çorbayı pürüzsüz hale gelinceye kadar püre haline getirin.
d) Domates salçasını ekleyip tuz ve karabiberle tatlandırın.
e) Taze fesleğen yapraklarıyla süsleyerek sıcak servis yapın.

49.Turp ve Hindistan Cevizli Köri Çorbası

İÇİNDEKİLER:
- 1 demet turp, kesilmiş ve dilimlenmiş
- 1 soğan, doğranmış
- 2 diş sarımsak, kıyılmış
- 1 yemek kaşığı köri tozu
- 1 kutu hindistan cevizi sütü
- 4 su bardağı sebze suyu
- 1 yemek kaşığı zeytinyağı
- Tatmak için biber ve tuz
- Garnitür için taze kişniş

TALİMATLAR:
a) Büyük bir tencerede turp, soğan ve sarımsağı zeytinyağında yumuşayana kadar soteleyin.
b) Köri tozunu ekleyin ve bir dakika karıştırın.
c) Hindistan cevizi sütü ve sebze suyunu ekleyin. Kaynatın. 15 dakika kaynatın.
d) Bir daldırma blenderi veya normal bir blender kullanarak çorbayı pürüzsüz hale gelinceye kadar püre haline getirin.
e) Tuz ve karabiberle tatlandırın.
f) Taze kişniş ile süsleyerek sıcak servis yapın.

50.Turp ve Ispanak Çorbası

İÇİNDEKİLER:
- 1 demet turp, kesilmiş ve dilimlenmiş
- 2 su bardağı taze ıspanak yaprağı
- 1 soğan, doğranmış
- 2 diş sarımsak, kıyılmış
- 4 su bardağı sebze suyu
- 1 yemek kaşığı tereyağı
- ½ bardak süt veya krema
- Tatmak için biber ve tuz

TALİMATLAR:
a) Büyük bir tencerede turp, ıspanak, soğan ve sarımsağı tereyağında yumuşayana kadar soteleyin.
b) Sebze suyunu ekleyip kaynatın. 15 dakika kaynatın.
c) Bir daldırma blenderi veya normal bir blender kullanarak çorbayı pürüzsüz hale gelinceye kadar püre haline getirin.
d) Sütü veya kremayı karıştırın ve tuz ve karabiberle tatlandırın.
e) Bir tutam taze turp dilimleri ile süslenmiş olarak sıcak servis yapın.

51.Turp ve Mantar Çorbası

İÇİNDEKİLER:

- 1 demet turp, kesilmiş ve dilimlenmiş
- 8 ons mantar, dilimlenmiş
- 1 soğan, doğranmış
- 2 diş sarımsak, kıyılmış
- 4 su bardağı sebze suyu
- 2 yemek kaşığı zeytinyağı
- ¼ bardak sade Yunan yoğurdu
- Tatmak için biber ve tuz
- Garnitür için taze kekik

TALİMATLAR:

a) Büyük bir tencerede turp, mantar, soğan ve sarımsağı zeytinyağında yumuşayana kadar soteleyin.

b) Sebze suyunu ekleyip kaynatın. Sebzeler yumuşayana kadar 20 dakika kadar pişirin.

c) Bir daldırma blenderi veya normal bir blender kullanarak çorbayı pürüzsüz hale gelinceye kadar püre haline getirin.

d) Yunan yoğurtunu karıştırın ve tuz ve karabiberle tatlandırın.

e) Taze kekik yapraklarıyla süsleyerek sıcak servis yapın.

52. Kavrulmuş Tatlı Patates ve Prosciutto Salatası

İÇİNDEKİLER:

- Bal 1 çay kaşığı
- Limon suyu 1 yemek kaşığı
- Yeşil soğan (bölünmüş ve dilimlenmiş) 2
- Tatlı kırmızı biber (ince doğranmış) ¼ bardak
- Cevizler (doğranmış ve kızartılmış) ⅓ bardak
- Turp (dilimlenmiş) ½ bardak
- Prosciutto (ince dilimlenmiş ve jülyen doğranmış) ½ bardak
- Biber ⅛ çay kaşığı
- ½ çay kaşığı Tuz (bölünmüş)
- 4 yemek kaşığı zeytinyağı (bölünmüş)
- 3 Tatlı patates, orta boy (soyulmuş ve 1 inçlik küpler halinde doğranmış)

TALİMATLAR:

a) Fırını 400 derece F'ye önceden ısıtın.
b) Tatlı patatesleri yağlanmış bir fırın tepsisine (15x10x1 inç) yerleştirin.
c) Üzerine 2 yemek kaşığı sıvı yağ gezdirin ve ¼ çay kaşığı tuz ve karabiber serpip düzgünce atın.
d) Yarım saat kadar ve yine de periyodik olarak kızartın.
e) Tatlı patateslerin üzerine biraz prosciutto serpin ve tatlı patatesler yumuşayana ve prosciutto çıtır çıtır oluncaya kadar 10 ila 15 dakika kızartın.
f) Karışımı geniş bir kaba alıp biraz soğumaya bırakın.
g) Yeşil soğanın, kırmızı biberin, cevizlerin ve turpların yarısını ekleyin. Küçük boyutlu bir kase alın ve tuzu, kalan yağı, balı ve limon suyunu iyice karışana kadar çırpın.
h) Salatanın üzerine gezdirin; birleştirmek için düzgün bir şekilde fırlatın. Kalan yeşil soğanları serpin.

53.Turplu Mikro Yeşil Salatalı Karpuz

İÇİNDEKİLER:
- 1 Yemek kaşığı balzamik sirke
- Tatmak için tuz
- Bir avuç mikro turp
- 2 yemek kaşığı zeytinyağı, sızma
- 1 dilim karpuz
- 2 yemek kaşığı kıyılmış badem
- 20 gr beyaz peynir , ufalanmış

TALİMATLAR:
a) Karpuzunuzu bir tabağa koyun.
b) Beyaz peyniri ve bademleri karpuzun üzerine yayın.
c) Üzerlerine sızma zeytinyağı ve balzamik sirkeyi gezdirin.
d) Üzerine mikro yeşillikleri ekleyin.

54.Mikro Yeşillikler ve Kar Bezelye Salatası

İÇİNDEKİLER:
SİRKE
- 1 çay kaşığı akçaağaç şurubu
- 2 çay kaşığı limon suyu
- 2 yemek kaşığı beyaz balzamik sirke
- 1 ½ su bardağı doğranmış çilek
- 3 yemek kaşığı zeytinyağı

SALATA
- 2 turp, ince dilimlenmiş
- 6 ons Lahana mikro yeşillikleri
- 12 kar bezelyesi, ince dilimlenmiş
- Süslemek için ikiye bölünmüş çilekler, yenilebilir çiçekler ve taze bitki dalları

TALİMATLAR:
a) Salata sosunu hazırlamak için çilekleri, sirkeyi ve akçaağaç şurubunu bir karıştırma kabında çırpın. Sıvıyı süzün ve limon suyu ve yağı ekleyin.

b) Tuz ve karabiberle tatlandırın.

c) Salatayı yapmak için mikro yeşillikleri, kar bezelyesini, turpları, saklanmış çilekleri ve ¼ fincan salata sosunu büyük bir karıştırma kabında birleştirin.

d) Garnitür olarak ikiye bölünmüş çilekleri, yenilebilir çiçekleri ve taze bitki dallarını ekleyin.

55.Mikro Yeşil Bahar Salatası

İÇİNDEKİLER:
- 2 Yemek kaşığı tuz
- 1 avuç bezelye filizi mikro yeşillikleri
- ½ bardak bakla fasulyesi, beyazlatılmış
- 4 havuç, küçük doğranmış, beyazlatılmış
- 1 avuç Pak Choi mikro yeşili
- 1 avuç Wasabi Hardalı mikro yeşillikleri
- 1 tutam amarant mikro yeşillikleri
- İnce madeni paralar halinde dilimlenmiş 4 turp
- 1 su bardağı bezelye, beyazlatılmış
- Tatmak için tuz ve karabiber

HAVUÇ-ZENCEFİL SOSU
- ¼ bardak pirinç şarabı sirkesi
- ½ bardak su
- 1 inç zencefil, soyulmuş ve dilimlenmiş
- 1 yemek kaşığı soya sosu
- 1 yemek kaşığı mayonez
- Tatmak için kaşer tuzu ve karabiber

TALİMATLAR:
a) havuçları, bezelyeleri ve baklaları birleştirin ve tuz ve karabiberle tatlandırın.

b) Zencefil, ½ bardak ayrılmış havuç, pirinç şarabı sirkesi ve suyu pürüzsüz hale gelinceye kadar karıştırın.

c) Blenderden çıkarın ve soya sosu ve mayonezi ekleyip çırpın.

d) Salatayı sosla karıştırıp servis yapın

PANCAR

56.Yumurtalı Pancar Haşlaması

İÇİNDEKİLER:
- 1 kiloluk pancar, soyulmuş ve doğranmış
- ½ pound Yukon Altın patates, temizlenmiş ve doğranmış
- Kaba tuz ve taze çekilmiş karabiber
- 2 yemek kaşığı sızma zeytinyağı
- 1 küçük soğan, doğranmış
- 2 yemek kaşığı kıyılmış taze maydanoz
- 4 büyük yumurta

TALİMATLAR:
a) Yüksek kenarlı bir tavada pancar ve patatesleri suyla kaplayıp kaynatın. Tuz ekleyin ve yumuşayana kadar yaklaşık 7 dakika pişirin. Tavayı boşaltın ve silin.

b) Yağı bir tavada orta-yüksek ateşte ısıtın. Haşlanmış pancar ve patatesleri ekleyin ve patatesler altın rengine dönene kadar yaklaşık 4 dakika pişirin. Isıyı orta dereceye düşürün, soğanı ekleyin ve yumuşayana kadar karıştırarak yaklaşık 4 dakika pişirin. Baharatını ayarlayın ve maydanozu ekleyip karıştırın.

c) Karmada dört geniş kuyu yapın. Her birine bir yumurta kırın ve yumurtayı tuzla baharatlayın. Beyazlar katılaşana, ancak sarılar hala akıcı olana kadar 5 ila 6 dakika pişirin.

57.Pancar Kabuklu Kahvaltı Pizzası

İÇİNDEKİLER:
PİZZA KABUK İÇİN:
- 1 su bardağı haşlanmış ve püre haline getirilmiş pancar
- ¾ bardak badem yemeği
- ⅓ su bardağı esmer pirinç unu
- ½ çay kaşığı tuz
- 2 çay kaşığı kabartma tozu
- 1 yemek kaşığı hindistancevizi yağı
- 2 çay kaşığı biberiye doğranmış
- 1 yumurta

TOPLAMALAR:
- 3 yumurta
- 2 dilim pişmiş pastırma ufalanmış
- avokado
- peynir

TALİMATLAR :
a) Fırını 375 dereceye kadar önceden ısıtın
b) Pizza hamuru için tüm malzemeleri karıştırın
c) 5 dakika pişirin
d) Çıkarın ve bir kaşığın veya dondurma kalıbının arkasını kullanarak 3 küçük "kuyu" açın
e) 3 yumurtayı bu "kuyulara" bırakın
f) 20 dakika pişirin
g) Üzerine peynir ve pastırma ekleyin ve 5 dakika daha pişirin
h) Daha fazla biberiye, peynir ve avokado ekleyin.

58.Pancar Cips

İÇİNDEKİLER:
- 4 orta boy pancar, durulayın ve ince dilimleyin
- 1 çay kaşığı deniz tuzu
- 2 yemek kaşığı zeytinyağı
- Servis için Humus

TALİMATLAR:
a) Hava fritözünü 380°F'ye önceden ısıtın.
b) Büyük bir kapta pancarları deniz tuzu ve zeytinyağıyla iyice kaplanıncaya kadar karıştırın.
c) Pancar dilimlerini hava fritözüne koyun ve tek kat halinde yayın.
d) 10 dakika kızartın. Karıştırın, ardından 10 dakika daha kızartın. Tekrar karıştırın ve son 5 ila 10 dakika boyunca veya cipsler istenen gevrekliğe ulaşana kadar kızartın.
e) En sevdiğiniz ve humusla servis yapın.

59. Dereotu ve Sarımsaklı Pancar

İÇİNDEKİLER:
- 4 pancar, temizlenmiş, soyulmuş ve dilimlenmiş
- 1 diş sarımsak, kıyılmış
- 2 yemek kaşığı doğranmış taze dereotu
- ¼ çay kaşığı tuz
- ¼ çay kaşığı karabiber
- 3 yemek kaşığı zeytinyağı

TALİMATLAR:
a) Hava fritözünü 380°F'ye önceden ısıtın.
b) Büyük bir kapta, pancarların yağla iyice kaplanması için tüm malzemeleri karıştırın.
c) Pancar karışımını fritöz sepetine dökün ve karıştırmadan önce 15 dakika kavurun, ardından 15 dakika daha kavurmaya devam edin.

60.Pancar Meze Salatası

İÇİNDEKİLER:
- 2 kilo pancar
- Tuz
- her biri ½ İspanyol soğanı, doğranmış
- 4 Domates, kabuğu soyulmuş, çekirdeği çıkarılmış ve doğranmış
- 2 yemek kaşığı Sirke
- 8 yemek kaşığı Zeytinyağı
- Siyah zeytin
- Her biri 2 Sarımsak karanfilleri, doğranmış
- 4 yemek kaşığı İtalyan maydanozu, doğranmış
- 4 yemek kaşığı Kişniş, doğranmış
- 4 ortam Patates, haşlanmış
- Tuz ve biber
- Acı kırmızı biber

TALİMATLAR:
a) Pancarların uçlarını kesin. İyice yıkayıp kaynayan tuzlu suda yumuşayana kadar pişirin. Akan soğuk su altında kabuklarını boşaltın ve çıkarın. Zar.
b) Pansuman malzemelerini karıştırın.
c) Pancarları bir salata kasesinde soğan, domates, sarımsak, kişniş ve maydanozla birleştirin. Pansumanın yarısını dökün, hafifçe karıştırın ve 30 dakika soğutun. Patatesleri dilimleyin, sığ bir kaseye koyun ve kalan sosla birlikte atın. Sakin olmak.
d) Toplamaya hazır olduğunuzda pancarları, domatesleri ve soğanı sığ bir kasenin ortasına, patatesleri de etraflarına halka şeklinde dizin. Zeytinlerle süsleyin.

61.Pancar Tekneleri

İÇİNDEKİLER:

- 8 küçük Pancar
- 10 ons Yengeç eti , konserve veya taze
- 2 çay kaşığı Kıyılmış taze maydanoz
- 1 çay kaşığı Limon suyu

TALİMATLAR:

a) Pancarları 20-40 dakika veya yumuşayana kadar buharda pişirin. Soğuk suyla durulayın, soyun ve soğumaya bırakın. Bu arada yengeç etini, maydanozu ve limon suyunu karıştırın.

b) Pancarlar soğuduğunda, ortalarını bir kavun topu veya çay kaşığı ile yarıya kadar çıkarın ve içi boş yapın. Yengeç karışımıyla doldurun.

c) Meze olarak veya tavada kızartılmış pancar yeşillikleriyle birlikte öğle yemeği olarak servis yapın.

62.Pancar Börek

İÇİNDEKİLER:
- 2 bardak Rendelenmiş çiğ pancar
- ¼ bardak Soğan, doğranmış
- ½ fincan Galeta unu
- 1 büyük Ezilmiş yumurta
- ¼ çay kaşığı Zencefil
- Tatmak için biber ve tuz

TALİMATLAR:

a) Tüm malzemeleri karıştırın. Sıcak, yağlanmış bir tavaya krep büyüklüğünde porsiyonlar dökün.

b) Bir kez çevirerek kahverengi olana kadar pişirin.

c) Üzerine tereyağı, ekşi krema, yoğurt veya bunların herhangi bir kombinasyonunu ekleyerek servis yapın.

63.Pancar Dolması

İÇİNDEKİLER:
- 6 büyük Pancar
- 6 yemek kaşığı Rendelenmiş keskin peynir
- 2 yemek kaşığı Galeta unu
- 2 yemek kaşığı Ekşi krema
- 1 çorba kaşığı Turşu tadı
- ½ çay kaşığı Tuz
- ¼ çay kaşığı Biber
- ¼ bardak Tereyağı
- ¼ bardak Beyaz şarap

TALİMATLAR:
a) Pancarların içini boşaltın veya şeker kamışı garnitürleri yapmak için kullanılan pancarları kullanın.

b) İçleri boşaltılan pancarları hafif tuzlu suda yumuşayana kadar pişirin.

c) Soğutun ve kabuklarını çıkarın. Fırını 350F'ye ısıtın. Peyniri, galeta ununu, ekşi kremayı, turşu sosunu ve baharatları karıştırın.

d) Pancarların içini bu karışımla doldurun ve yağlanmış sığ bir fırın tepsisine dizin. Tereyağı sürün ve 350 F fırında 15 ila 20 dakika boyunca açıkta pişirin.

e) Tereyağını eritip beyaz şarapla karıştırın ve ara sıra nemli kalması için üzerini yağlayın.

64. Elma ve Pancarla Izgara İspanyol Uskumru

İÇİNDEKİLER:
- 2 İspanyol uskumru (her biri yaklaşık 2 pound), pulları soyulmuş ve temizlenmiş, solungaçları çıkarılmış
- 2¼ bardak Rezene Salamura
- 1 yemek kaşığı zeytinyağı
- 1 orta boy soğan, ince doğranmış
- 2 orta boy pancar, kavrulmuş, haşlanmış, ızgaralanmış veya konserve; ince doğranmış
- 1 turta elma, soyulmuş, çekirdeği çıkarılmış ve ince doğranmış
- 1 diş sarımsak, kıyılmış
- 1 yemek kaşığı ince kıyılmış taze dereotu veya rezene yaprakları
- 2 yemek kaşığı taze keçi peyniri
- 1 limon, 8 parçaya bölünmüş

TALİMATLAR:
a) Balıkları durulayın ve salamurayla birlikte 1 galonluk fermuarlı bir torbaya koyun, havasını bastırın ve torbayı kapatın. 2 ila 6 saat buzdolabında saklayın.

b) Yağı büyük bir tavada orta ateşte ısıtın. Soğanları ekleyin ve yumuşayana kadar yaklaşık 3 dakika soteleyin. Pancarları ve elmayı ekleyin ve elma yumuşayana kadar yaklaşık 4 dakika soteleyin. Sarımsak ve dereotunu karıştırın ve yaklaşık 1 dakika kadar ısıtın. Karışımı oda sıcaklığına soğutun ve keçi peynirini ekleyerek karıştırın.

c) Bu arada doğrudan orta ısı için yaklaşık 375°F'lik bir ızgara yakın.

d) Balıkları salamuradan çıkarın ve kurulayın. Salamurayı atın. Balıkların boşluklarını soğumuş pancar ve elma karışımıyla doldurun ve gerekirse iple sabitleyin.

e) Izgara ızgarasını fırçalayın ve yağla kaplayın. Balığı, derisi gevrekleşene ve balık yüzeyde opak görünene kadar ortası hala ince ve nemli olana kadar (anında okunan termometrede 130¼F), her iki tarafta 5 ila 7 dakika ızgara yapın. Balıkları servis tabağına alın ve limon dilimleriyle birlikte servis yapın.

65.Pancarlı Risotto

İÇİNDEKİLER:

- 50 gr tereyağı
- 1 soğan, ince doğranmış
- 250 gr risotto pirinci
- 150 ml beyaz şarap
- 1 litre sebze suyu
- 300 gr pişmiş pancar
- 1 limon, kabuğu rendelenmiş ve suyu sıkılmış
- düz yapraklı maydanoz, küçük bir demet, kabaca doğranmış
- 125 gr yumuşak keçi peyniri
- bir avuç ceviz, kızartılmış ve doğranmış

TALİMATLAR:

a) Tereyağını derin bir tavada eritin ve soğanı biraz baharatla birlikte 10 dakika yumuşayana kadar pişirin. Pirinci ekleyin ve tüm taneler kaplanana kadar karıştırın, ardından şarabı dökün ve 5 dakika boyunca köpürtün.

b) Karıştırırken stoku birer birer kepçe ekleyin, ancak önceki parti emildikten sonra daha fazlasını ekleyin.

c) Bu arada pancarın ½'sini alıp küçük bir blenderde pürüzsüz hale gelinceye kadar çırpın ve geri kalanını doğrayın.

d) Pirinç piştikten sonra çırpılmış ve doğranmış pancarları, limon kabuğu rendesini, suyunu ve maydanozun çoğunu karıştırın. Tabaklara paylaştırın ve üzerine keçi peyniri, ceviz ve kalan maydanozu serpin.

66.Mikro Yeşillikli Pancar Sürgüleri

İÇİNDEKİLER:
PANCAR
- 1 diş sarımsak, hafifçe ezilmiş ve soyulmuş
- 2 havuç soyulmuş, doğranmış
- Tuz ve karabiberi sıkın
- 1 soğan, soyulmuş ve dörde bölünmüş
- 4 pancar
- 1 yemek kaşığı kimyon tohumu
- 2 sap kereviz durulanmış, kesilmiş

PANSUMAN:
- ½ bardak mayonez
- ⅓ bardak ayran
- ½ bardak kıyılmış maydanoz, frenk soğanı, tarhun veya kekik
- 1 yemek kaşığı taze sıkılmış limon suyu
- 1 çay kaşığı hamsi ezmesi
- 1 diş sarımsak doğranmış
- Tuz biber _

SÜSLEME:
- Kaydırıcı çörekler
- 1 ince dilimlenmiş kırmızı soğan
- Bir avuç Karışık mikro yeşillik

TALİMATLAR:
PANSUMAN
a) Ayran, otlar, mayonez, limon suyu, hamsi ezmesi, sarımsak, tuz ve karabiberi birleştirin.

PANCAR
b) Hollandalı bir fırında pancar, kereviz, havuç, soğan, sarımsak, kimyon tohumu, tuz ve karabiberi 55 dakika kaynatın.
c) Pancarları soyun ve dilimler halinde kesin.
d) Pancar dilimlerini her iki tarafını da sprey kaplı bir tavada 3 dakika soteleyin.

MONTAJLAMA
e) Kaydırmalı çörekleri bir tabağa yerleştirin ve üzerlerine pancar, salata sosu, kırmızı soğan ve mikro yeşillikler ekleyin.
f) Eğlence.

67.Amaranth ve Keçi Peynirli Karides

İÇİNDEKİLER:
- 2 Pancar Sarmal
- 4 oz Yumuşatılmış Keçi Peyniri
- ½ bardak Roka Mikro Yeşilleri Hafifçe doğranmış
- ½ bardak Amaranth Mikro Yeşilleri Hafifçe doğranmış
- 1 pound Karides
- 1 su bardağı kıyılmış ceviz
- ¼ bardak Ham Şeker Kamışı
- 1 yemek kaşığı Tereyağı
- 2 yemek kaşığı Naturel Sızma Zeytinyağı

TALİMATLAR:
a) Hazırlıklara başlamadan önce keçi peynirini 30 dakika kadar yumuşaması için bekletin.
b) Fırını 375 dereceye kadar önceden ısıtın
c) Bir tavayı orta ateşte ısıtın.
d) Tavaya ceviz, şeker ve tereyağı ekleyin ve orta ateşte sık sık karıştırın.
e) Şeker erimeye başlayınca sürekli karıştırın.
f) Cevizler kaplandıktan sonra hemen bir parşömen kağıdına aktarın ve birbirine yapışıp sertleşmemeleri için fındıkları ayırın. Bir kenara koy
g) Pancarları spiral şeklinde kesin.
h) Spiralleri zeytinyağı ve deniz tuzu ile atın.
i) Pancarları bir kurabiye kağıdına yayın ve fırında 20-25 dakika pişirin.
j) Karidesleri yıkayıp tencereye ekleyin.
k) Bir tavayı su ve deniz tuzu ile doldurun. Kaynatın.
l) Suyu boşaltın ve pişirmeyi durdurmak için buz banyosuna koyun.
m) Roka mikro yeşilliklerini kırpın ve hafifçe doğrayın. Bir kenara koyun.
n) Mikro yeşillikleri yumuşatılmış peynire ekleyin ve her bir mikro yeşilden birkaç tutamı bir kenara bırakın.
o) Mikro yeşillikleri ve peyniri karıştırın.
p) Peynir karışımını bir topun içine kazıyın.
q) Plaka pancarı.

r) Pancarların üzerine bir kaşık dolusu peynir ekleyin.
s) Cevizleri tabağın etrafına yerleştirin.
t) Karides ekleyin ve kalan mikro yeşillikleri, tuzu ve kırık biberi serpin.

68.Taze Pancar Soslu Izgara Deniz Tarağı

İÇİNDEKİLER:
- 1¼ bardak Taze pancar suyu
- Meyveli zeytinyağı
- 1 çay kaşığı Beyaz şarap sirkesi
- Koşer Tuzu; tatmak
- Taze çekilmiş karabiber; tatmak
- 1¼ pound Taze deniz tarağı
- Birkaç damla Taze limon suyu
- 1 pound Genç lahana yaprakları; sert merkez çekirdek çıkarıldı
- Birkaç damla şeri sirkesi
- Taze frenk soğanı; çubuklar halinde kesilmiş
- Minik küp sarı dolmalık biber

TALİMATLAR:
a) Pancar suyunu reaktif olmayan bir tencereye koyun ve yaklaşık ½ bardağa düşene kadar kaynatın.

b) Sıcakken, sosu koyulaştırmak için 2 ila 3 yemek kaşığı zeytinyağını yavaş yavaş azaltın. Tatlandırmak için beyaz şarap sirkesini, tuzu ve karabiberi çırpın. Bir kenara koyun ve sıcak tutun.

c) Deniz taraklarını hafifçe yağlayın ve tuz, karabiber ve birkaç damla limon suyuyla tatlandırın.

d) Lahana yapraklarını yağla fırçalayın ve hafifçe baharatlayın. Yapraklar hafifçe kömürleşip pişene kadar lahananın her iki tarafını da ızgarada pişirin.

e) Deniz tarağı pişene kadar ızgarada pişirin (ortası hafif opak olmalıdır). Lahanayı sıcak tabakların ortasına çekici bir şekilde yerleştirin ve üzerine birkaç damla şeri sirkesi damlatın.

f) Üzerine tarakları yerleştirin ve etrafına pancar sosunu kaşıklayın. Frenk soğanı ve sarı biberle süsleyip hemen servis yapın.

TATLI PATATES

69.Tatlı Patates ve Ispanaklı Frittata

İÇİNDEKİLER:
- 1 orta boy tatlı patates, soyulmuş ve doğranmış
- 1 su bardağı taze ıspanak yaprağı
- 1/2 soğan, doğranmış
- 4 yumurta
- 1/4 su bardağı süt
- Tatmak için biber ve tuz
- Yemek pişirmek için zeytinyağı

TALİMATLAR:
a) Fırını önceden 350°F'ye (175°C) ısıtın.
b) Zeytinyağını fırına dayanıklı bir tavada orta ateşte ısıtın.
c) Tavaya doğranmış tatlı patatesi ve soğanı ekleyin ve tatlı patatesler yumuşayana kadar yaklaşık 8-10 dakika pişirin.
d) Ispanak yapraklarını ekleyin ve solana kadar yaklaşık 2 dakika pişirin.
e) Bir kapta yumurta, süt, tuz ve karabiberi birlikte çırpın.
f) Yumurta karışımını tavadaki tatlı patates ve ıspanağın üzerine dökün.
g) Kenarları sertleşene kadar ocakta birkaç dakika pişirin.
h) Tavayı önceden ısıtılmış fırına aktarın ve yaklaşık 12-15 dakika veya frittata ortasına yerleşinceye kadar pişirin.
i) Fırından çıkarın ve dilimleyip servis etmeden önce biraz soğumasını bekleyin.

70.Tatlı Patates Kahvaltı Kasesi

İÇİNDEKİLER:
- 1 orta boy tatlı patates, kavrulmuş ve püre haline getirilmiş
- 1/2 bardak Yunan yoğurdu
- 2 yemek kaşığı bal
- 1/4 bardak granola
- Üzeri için taze meyveler

TALİMATLAR:
a) Bir kapta tatlı patates püresini, Yunan yoğurtunu ve balı birleştirin.
b) Birleştirmek için iyice karıştırın.
c) Tatlı patates karışımını granola ve taze meyvelerle doldurun.
d) Tatlı patates kahvaltı kasesinin tadını soğuk veya oda sıcaklığında çıkarın.

71.Tatlı Patates ve Sosis Kahvaltı Güveç

İÇİNDEKİLER:
- 2 su bardağı pişmiş ve püre haline getirilmiş tatlı patates
- 1 kiloluk kahvaltı sosisi, pişmiş ve ufalanmış
- 1/2 soğan, doğranmış
- 1 dolmalık biber, doğranmış
- 1 su bardağı rendelenmiş kaşar peyniri
- 8 yumurta
- 1/2 su bardağı süt
- Tatmak için biber ve tuz

TALİMATLAR:
a) Fırını önceden 350°F'ye (175°C) ısıtın.

b) Yağlanmış bir pişirme kabına tatlı patates püresini, pişmiş sosisi, doğranmış soğanı, doğranmış dolmalık biberi ve rendelenmiş kaşar peynirini kat kat dizin.

c) Bir kapta yumurta, süt, tuz ve karabiberi birlikte çırpın.

d) Yumurta karışımını pişirme kabındaki malzemelerin üzerine dökün.

e) Yaklaşık 30-35 dakika veya yumurtalar sertleşene ve üst kısmı altın kahverengi olana kadar pişirin.

f) Dilimlemeden ve servis yapmadan önce güvecin birkaç dakika soğumasını bekleyin.

72.Tatlı Patates Kahvaltı Kurabiyeleri

İÇİNDEKİLER:
- 1 su bardağı pişmiş ve püre haline getirilmiş tatlı patates
- 1/4 bardak badem ezmesi
- 1/4 bardak bal
- 1 çay kaşığı vanilya özü
- 1 su bardağı yulaf ezmesi
- 1/2 su bardağı tam buğday unu
- 1/2 çay kaşığı kabartma tozu
- 1/2 çay kaşığı öğütülmüş tarçın
- 1/4 çay kaşığı tuz
- 1/4 bardak kurutulmuş kızılcık veya kuru üzüm
- 1/4 su bardağı kıyılmış fındık (isteğe bağlı)

TALİMATLAR:
a) Fırını önceden 350°F'ye (175°C) ısıtın ve fırın tepsisini parşömen kağıdıyla kaplayın.
b) Bir kapta tatlı patates püresini, badem ezmesini, balı ve vanilya özünü birleştirin. İyice karıştırın.
c) Ayrı bir kapta yulaf, tam buğday unu, kabartma tozu, tarçın ve tuzu birlikte çırpın.
d) Kuru malzemeleri tatlı patates karışımına ekleyin ve birleşene kadar karıştırın.
e) İsterseniz kurutulmuş kızılcık veya kuru üzüm ve doğranmış fındıkları ekleyin.
f) Hazırlanan fırın tepsisine kurabiye hamurundan kaşık dolusu bırakın.
g) Yaklaşık 12-15 dakika veya kurabiyeler hafif altın rengi oluncaya kadar pişirin.
h) Tamamen soğuması için tel rafa aktarmadan önce kurabiyelerin fırın tepsisinde soğumasını bekleyin.

73.Tatlı Patates ve Pastırma Kahvaltı Tavası

İÇİNDEKİLER:
- 2 orta boy tatlı patates, soyulmuş ve doğranmış
- 4 dilim pastırma, doğranmış
- 1/2 soğan, doğranmış
- 1 dolmalık biber, doğranmış
- 4 yumurta
- Tatmak için biber ve tuz

TALİMATLAR:

a) Bir tavada doğranmış pastırmayı çıtır çıtır olana kadar pişirin. Tavadan çıkarın ve bir kenara koyun.

b) Aynı tavaya doğranmış tatlı patatesleri ekleyin ve yumuşayana kadar yaklaşık 8-10 dakika pişirin.

c) Tavaya doğranmış soğanı ve dolmalık biberi ekleyin ve yumuşayana kadar yaklaşık 3-4 dakika pişirin.

d) Tatlı patates karışımını tavanın bir tarafına itin ve diğer tarafa yumurtaları kırın.

e) Tuz ve karabiberle tatlandırın.

f) Yumurtalar istediğiniz kıvama gelene ve tatlı patatesler hafifçe karamelleşene kadar pişirin.

g) Pişmiş pastırmayı tavaya serpin.

h) Tatlı patates ve pastırmalı kahvaltı tavasını sıcak olarak servis edin.

74.Tatlı Patatesli Smoothie Kasesi

İÇİNDEKİLER:
- 1 orta boy tatlı patates, kavrulmuş ve soyulmuş
- 1 dondurulmuş muz
- 1/2 bardak Yunan yoğurdu
- 1/2 su bardağı badem sütü (veya dilediğiniz başka bir süt)
- 1 yemek kaşığı bal veya akçaağaç şurubu
- Üst Malzemeler: dilimlenmiş muz, granola, hindistan cevizi gevreği, chia tohumu

TALİMATLAR:
a) Bir karıştırıcıda kavrulmuş tatlı patates, dondurulmuş muz, Yunan yoğurdu, badem sütü ve bal veya akçaağaç şurubunu birleştirin.
b) Pürüzsüz ve kremsi olana kadar karıştırın.
c) Smoothie'yi bir kaseye dökün ve dilimlenmiş muz, granola, hindistan cevizi gevreği ve chia tohumu gibi istediğiniz malzemeleri ekleyin.
d) Hemen tatlı patatesli smoothie kasesinin tadını çıkarın.

75.Tatlı Patates Kahvaltı Burrito Kasesi

İÇİNDEKİLER:
- 2 orta boy tatlı patates, soyulmuş ve doğranmış
- 1 yemek kaşığı zeytinyağı
- 1 çay kaşığı kırmızı biber
- Tatmak için biber ve tuz
- 4 yumurta, çırpılmış
- 1 bardak siyah fasulye, durulanmış ve süzülmüş
- Servis için salsa veya acı sos
- Garnitür için avokado dilimleri

TALİMATLAR:
a) Fırını önceden 425°F'ye (220°C) ısıtın.

b) Bir fırın kabına doğranmış tatlı patatesleri zeytinyağı, kırmızı biber, tuz ve karabiberle atın.

c) Fırında yaklaşık 20-25 dakika veya tatlı patatesler yumuşayıp hafif çıtır olana kadar kızartın.

d) Bir kaseye kavrulmuş tatlı patatesleri, çırpılmış yumurtaları ve siyah fasulyeleri katlayın.

e) Üzerine salsa veya acı sos ekleyin ve avokado dilimleriyle süsleyin.

f) Tatlı patatesli kahvaltı börek kasesini sıcak olarak servis edin.

76. Ceviche Peruano

İÇİNDEKİLER:

- 2 orta boy patates
- her biri 2 tatlı patates
- 1 kırmızı soğan, ince şeritler halinde kesilmiş
- 1 su bardağı taze limon suyu
- ½ kereviz sapı, dilimlenmiş
- ¼ fincan hafifçe paketlenmiş kişniş yaprağı
- 1 tutam öğütülmüş kimyon
- 1 diş sarımsak, kıyılmış
- 1 habanero biber
- 1 tutam tuz ve taze çekilmiş karabiber
- ½-inç halinde kesilmiş 1 kiloluk taze tilapia
- 1 kiloluk orta boy karides - soyulmuş,

TALİMATLAR:

a) Patatesleri ve tatlı patatesleri bir tencereye koyun ve üzerini suyla kaplayın. Dilimlenmiş soğanı ılık su dolu bir kabın içine koyun.

b) Kereviz, kişniş ve kimyonu harmanlayıp sarımsak ve habanero biberini ekleyerek karıştırın. Tuz ve karabiberle tatlandırın, ardından doğranmış tilapia ve karidesleri ekleyip karıştırın

c) Servis yapmak için patatesleri soyun ve dilimler halinde kesin. Soğanları balık karışımına karıştırın. Servis kaselerini marul yapraklarıyla sıralayın. Meyve suyundan oluşan cevicheyi kaselere dökün ve patates dilimleriyle süsleyin.

77.Zencefilli Tatlı Patates Böreği

İÇİNDEKİLER:
- A; (1/2 pound) tatlı patates
- 1½ çay kaşığı Kıyılmış soyulmuş taze zencefil kökü
- 2 çay kaşığı Taze limon suyu
- ¼ çay kaşığı Kurutulmuş acı kırmızı biber gevreği
- ¼ çay kaşığı Tuz
- 1 büyük yumurta
- 5 yemek kaşığı Çok amaçlı un
- Kızartma için bitkisel yağ

TALİMATLAR:
a) Rendelenmiş tatlı patatesi mutfak robotunda zencefil kökü, limon suyu, pul biber ve tuzla birlikte ince ince doğrayın, yumurtayı ve unu ekleyip karışımı iyice karıştırın.

b) Büyük bir tencerede 1½ inç yağı ısıtın ve tatlı patates karışımından yemek kaşığını altın rengi olana kadar yağın içine bırakın.

c) Börekleri boşaltmak için kağıt havlulara aktarın.

78.Tatlı Patates Marshmallow Lokmaları

İÇİNDEKİLER:

- 4 tatlı patates, soyulmuş ve dilimlenmiş
- 2 yemek kaşığı eritilmiş bitki bazlı tereyağı
- 1 çay kaşığı akçaağaç şurubu
- Kaşer tuzu
- 10 onsluk marshmallow torbası
- ½ bardak yarım ceviz

TALİMATLAR:

a) Fırını önceden 400 Fahrenheit dereceye ısıtın.

b) Tatlı patatesleri eritilmiş bitki bazlı tereyağı ve akçaağaç şurubu ile bir fırın tepsisine atın ve eşit bir tabaka halinde düzenleyin. Tuz ve karabiberle tatlandırın.

c) Yarıya kadar çevirerek, yaklaşık 20 dakika, yumuşayana kadar pişirin. Kaldırmak.

d) üzerine marshmallow koyun ve 5 dakika kızartın.

e) Her marshmallow'un üzerine yarım ceviz ekleyerek hemen servis yapın.

79. Doldurulmuş Tatlı Patates

İÇİNDEKİLER:

- 1 bardak su
- 1 tatlı patates
- 1 yemek kaşığı saf akçaağaç şurubu
- 1 yemek kaşığı badem ezmesi
- 1 yemek kaşığı kıyılmış ceviz
- 2 yemek kaşığı yaban mersini
- 1 çay kaşığı chia tohumu
- 1 çay kaşığı köri ezmesi

TALİMATLAR:

a) Hazır tencerenize bir bardak su ve buharlı pişirici rafını ekleyin.

b) Kapağı kapatın ve tahliye valfinin doğru konumda olduğundan emin olarak tatlı patatesi rafa yerleştirin.

c) Instant Pot'u manuel olarak 15 dakika boyunca yüksek basınca ısıtın. Basıncın oluşması birkaç dakika alacaktır.

d) Zamanlayıcı kapandıktan sonra basıncın 10 dakika boyunca doğal bir şekilde düşmesine izin verin. Kalan basıncı boşaltmak için tahliye vanasını çevirin.

e) Şamandıra valfi düştüğünde, kapağı açarak tatlı patatesi çıkarın.

f) Tatlı patates işlenecek kadar soğuduğunda ikiye bölün ve eti bir çatalla ezin.

g) Üzerine ceviz, yaban mersini ve chia tohumlarını ekleyin, ardından akçaağaç şurubu ve badem ezmesini gezdirin.

80.Tempura Tatlı Patates

İÇİNDEKİLER:
- 2 adet orta boy tatlı patates
- Kızartmak için bitkisel yağ
- 1 fincan çok amaçlı un
- ¼ bardak mısır nişastası
- ½ çay kaşığı tuz
- 1 su bardağı buz gibi soğuk su
- Seçtiğiniz daldırma sosu (örneğin soya sosu, ponzu sosu veya tatlı biber sosu)

TALİMATLAR:
a) Tatlı patatesleri soyun ve ince dilimler veya kibrit çöpleri halinde kesin. Fazla nişastayı gidermek için birkaç dakika soğuk suda bekletin. Boşaltın ve kağıt havlu kullanarak kurulayın.

b) Bitkisel yağı derin bir fritözde veya büyük bir tencerede yaklaşık 350°F (175°C) sıcaklığa ısıtın.

c) Bir karıştırma kabında çok amaçlı un, mısır nişastası ve tuzu birleştirin. Pürüzsüz bir hamur kıvamı elde edene kadar yavaşça karıştırarak buz gibi soğuk suyu yavaş yavaş ekleyin. Fazla karıştırmamaya dikkat edin; birkaç topaklar varsa sorun değil.

d) Her bir tatlı patates dilimini veya kibrit çöpünü tempura hamuruna batırın ve eşit şekilde kaplandığından emin olun. Dikkatlice sıcak yağın içine yerleştirmeden önce fazla hamurun damlamasına izin verin.

e) Fritözü veya tencereyi aşırı doldurmamaya dikkat ederek tatlı patatesleri gruplar halinde kızartın. Bunları yaklaşık 2-3 dakika veya tempura hamuru altın sarısı ve gevrek oluncaya kadar pişirin. Delikli bir kaşık veya maşa kullanarak bunları yağdan çıkarın ve fazla yağı emmesi için kağıt havluyla kaplı bir tabağa aktarın.

f) Hepsi pişene kadar işlemi kalan tatlı patateslerle tekrarlayın.

g) Tempura tatlı patateslerini seçtiğiniz bir daldırma sosla sıcak olarak servis edin. Lezzetli ve çıtır bir meze yaparlar veya ana yemeğin yanında garnitür olarak servis edilebilirler.

81.Hindi ve Tatlı Patates Tempura

İÇİNDEKİLER:
- 2 adet hindi pirzolası, ince dilimlenmiş
- 1 küçük tatlı patates, soyulmuş ve ince dilimlenmiş
- 1 fincan çok amaçlı un
- ¼ bardak mısır nişastası
- ¼ çay kaşığı kabartma tozu
- ¼ çay kaşığı tuz
- 1 su bardağı buz gibi soğuk su
- Kızartmak için bitkisel yağ
- Servis için ballı hardal sosu veya tercih ettiğiniz daldırma sosu

TALİMATLAR:
a) Hindi pirzolalarını ve tatlı patatesi ince şeritler halinde dilimleyin.
b) Bir kapta un, mısır nişastası, kabartma tozu ve tuzu birlikte çırpın.
c) Yavaş yavaş buz gibi suyu kuru malzemelere ekleyin ve hamur topaklar halinde pürüzsüz hale gelinceye kadar çırpın.
d) Bitkisel yağı fritözde veya büyük bir tencerede 180°C'ye (360°F) ısıtın.
e) Her bir hindi şeridini ve tatlı patates dilimini hamurun içine batırın ve eşit şekilde kaplayın.
f) Hırpalanmış hindiyi ve tatlı patatesi dikkatlice sıcak yağa koyun ve altın rengi kahverengi olana kadar kızartın, eşit şekilde pişmesi için bir kez çevirin.
g) Kızartılmış hindiyi ve tatlı patatesi yağdan çıkarmak için oluklu bir kaşık kullanın ve fazla yağı boşaltmak için kağıt havluyla kaplı bir tabağa aktarın.
h) Lezzetli bir lezzet kombinasyonu için hindi ve tatlı patates tempurasını ballı hardal sosuyla veya tercih ettiğiniz daldırma sosuyla servis edin.

82.Tatlı Patates Nachos

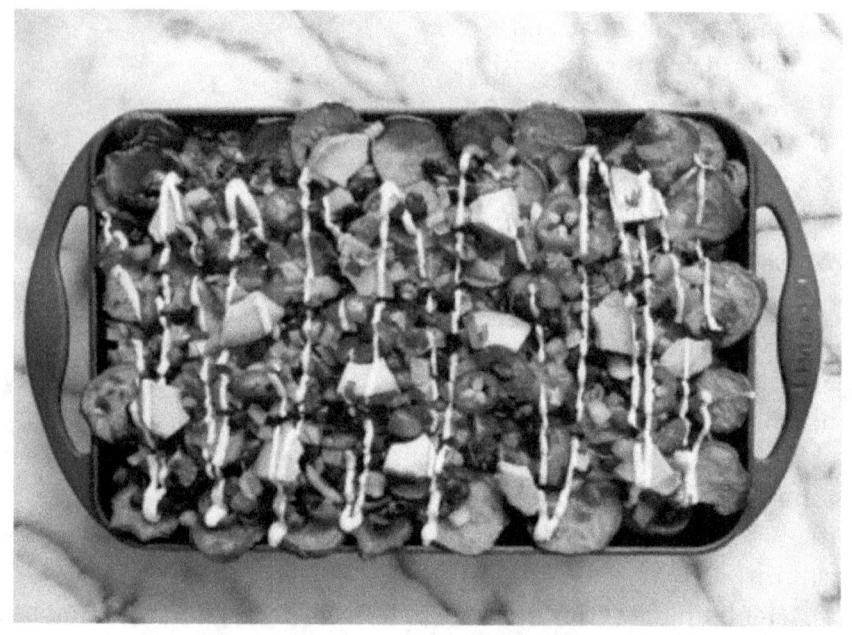

İÇİNDEKİLER:

- 1 yemek kaşığı zeytinyağı
- ⅓ su bardağı doğranmış domates
- ⅓ bardak doğranmış avokado
- 1 çay kaşığı biber tozu
- 1 çay kaşığı sarımsak tozu
- 3 tatlı patates
- 1½ çay kaşığı kırmızı biber
- ⅓ bardak yağı azaltılmış rendelenmiş kaşar peyniri

TALİMATLAR:

a) Fırını 425 Fahrenheit dereceye kadar önceden ısıtın. Pişirme tavalarını yapışmaz pişirme spreyi ile kaplayın ve folyoyla örtün.

b) Tatlı patatesleri soyun ve ince bir şekilde 14 inçlik turlar halinde dilimleyin.

c) Turtaları zeytinyağı, kırmızı toz biber, sarımsak tozu ve kırmızı biberle karıştırın.

d) Önceden ısıtılmış tavaya eşit şekilde yayın ve 25 dakika pişirin, pişirme süresinin yarısında gevrekleşinceye kadar çevirin.

e) Tavayı fırından çıkarın ve tatlı patateslerin üzerine fasulye ve peynir ekleyin.

f) Peynir eriyene kadar 2 dakika daha pişirin.

g) Domates ve avokadoyu atın. Sert.

83.Pişmiş tatlı patates CİPSLER

İÇİNDEKİLER:
- 2 büyük tatlı patates
- 2 yemek kaşığı zeytinyağı
- Tatmak için biber ve tuz

TALİMATLAR:
a) Fırını önceden 375°F'ye (190°C) ısıtın.
b) Tatlı patatesleri yıkayıp soyun. Mandolin dilimleyici veya keskin bir bıçak kullanarak ince ince dilimleyin.
c) Büyük bir kapta, tatlı patates dilimlerini zeytinyağı, tuz ve karabiberle eşit şekilde kaplanana kadar atın.
d) Dilimleri, parşömen kağıdıyla kaplı bir fırın tepsisine tek bir kat halinde yerleştirin.
e) Çıtır çıtır ve hafifçe kızarıncaya kadar cipsleri yarıya kadar çevirerek 15-20 dakika pişirin.
f) Fırından çıkarın ve servis yapmadan önce cipslerin soğumasını bekleyin.

84. Köri Baharatlı Tatlı Patates Cipsi

İÇİNDEKİLER:
- 2 büyük tatlı patates
- 2 yemek kaşığı zeytinyağı
- 1 çay kaşığı köri tozu
- ½ çay kaşığı tuz
- ¼ çay kaşığı öğütülmüş zerdeçal
- ¼ çay kaşığı öğütülmüş kimyon

TALİMATLAR:
a) Fırını önceden 375°F'ye (190°C) ısıtın.
b) Tatlı patatesleri yıkayıp soyun. Mandolin dilimleyici veya keskin bir bıçak kullanarak ince ince dilimleyin.
c) Bir kasede tatlı patates dilimlerini zeytinyağı, köri tozu, tuz, zerdeçal ve kimyonla iyice kaplanana kadar karıştırın.
d) Dilimleri, parşömen kağıdıyla kaplı bir fırın tepsisine tek bir kat halinde yerleştirin.
e) Çıtır çıtır ve hafifçe kızarıncaya kadar cipsleri yarıya kadar çevirerek 15-20 dakika pişirin.
f) Fırından çıkarın ve servis yapmadan önce cipslerin soğumasını bekleyin.

85.Barbekü Tatlı Patates Cipsi

İÇİNDEKİLER:

- 2 orta boy tatlı patates
- 2 yemek kaşığı zeytinyağı
- 1 yemek kaşığı barbekü baharatı
- ½ çay kaşığı tuz

TALİMATLAR:

a) Fırını önceden 375°F'ye (190°C) ısıtın.
b) Tatlı patatesleri yıkayıp soyun.
c) Tatlı patatesleri mandolin dilimleyici veya keskin bir bıçak kullanarak ince ince dilimleyin.
d) Bir kapta zeytinyağını, barbekü baharatını ve tuzu birleştirin.
e) Tatlı patates dilimlerini iyice kaplanana kadar karışıma atın.
f) Tatlı patates dilimlerini parşömen kağıdıyla kaplı bir fırın tepsisine yerleştirin.
g) 15-20 dakika veya gevrek ve hafif karamelize olana kadar pişirin.
h) Servis yapmadan önce cipslerin soğumasını bekleyin.

86.tatlı patates halkaları

İÇİNDEKİLER:

- Tuz ve biber
- ½ pişmiş tatlı patates, dilimlenmiş
- 2 yumurta
- ½ fincan yeşillik seçimi: mikro yeşillikler, roka, ıspanak veya diğer
- EVOO

TALİMATLAR:

a) Yeşilliklerin ¾'ünü bir tabağa koyun ve üzerine hafifçe zeytinyağı ve bir tutam tuz serpin.
b) Tavayı veya ızgarayı orta ateşte ısıtın.
c) Zeytinyağını ekleyin ve ardından tatlı patates dilimlerini tavaya yerleştirin.
d) Tuz ve karabiberle tatlandırın.
e) Alt kısmı kahverengileşene kadar pişirin, sonra çevirin.
f) Tatlı patates dilimlerini tavadan çıkarın ve önceden pişirilmiş yeşilliklerin üzerine yerleştirin.
g) Tavaya iki yumurta kırın.
h) Onlara biraz tuz ve karabiber serpin.
i) Üzerine pişmiş tatlı patates dilimlerinin üzerine yumurtaları ekleyin.
j) Yemeği ayrılmış yeşilliklerle süsleyin.

87.Tatlı Patatesli Hindi Kaydırıcıları

İÇİNDEKİLER:

- 4 Elma ağacı füme pastırma şeridi, ince doğranmış
- 1 kiloluk öğütülmüş hindi
- ½ bardak panko kırıntısı
- 2 büyük yumurta
- ½ su bardağı rendelenmiş parmesan peyniri
- 4 yemek kaşığı doğranmış taze kişniş
- 1 çay kaşığı kurutulmuş fesleğen
- ½ çay kaşığı öğütülmüş kimyon
- 1 yemek kaşığı soya sosu
- 2 büyük tatlı patates
- Rendelenmiş Colby-Monterey Jack peyniri

TALİMATLAR:

a) Büyük bir tavada pastırmayı orta ateşte gevrekleşinceye kadar pişirin; kağıt havlulara boşaltın. 2 yemek kaşığı damlama dışında hepsini atın. Tavayı bir kenara koyun. Pastırmayı sonraki 8 malzemeyle iyice karışana kadar birleştirin; örtün ve en az 30 dakika buzdolabında saklayın.

b) Fırını 425°'ye önceden ısıtın. Tatlı patatesleri yaklaşık ½ inç kalınlığında 20 dilime kesin. Dilimleri yağlanmamış bir fırın tepsisine yerleştirin; Tatlı patatesler yumuşayıncaya kadar ancak yumuşak olmayana kadar 30-35 dakika pişirin. Dilimleri çıkarın; tel raf üzerinde soğutun.

c) Orta-yüksek ateşte ayrılmış damlamalarla tavayı ısıtın. Hindi karışımını kaydırıcı boyutunda köfteler halinde şekillendirin. Tavayı doldurmamaya dikkat ederek, kaydırıcıları her iki tarafta 3-4 dakika olacak şekilde gruplar halinde pişirin. Her kaydırıcıyı ilk kez çevirdikten sonra bir tutam rendelenmiş çedar ekleyin. Termometre 165 dereceyi gösterene ve meyve suları temiz akana kadar pişirin.

d) Servis yapmak için her kaydırıcıyı bir tatlı patates diliminin üzerine yerleştirin; ballı Dijon hardalı ile sürün. İkinci bir tatlı patates dilimi ile örtün.

e) Kürdanla delin.

88.Tatlı Patates ve Havuç Tinga Tacos

İÇİNDEKİLER:

- ¼ bardak Su
- 1 su bardağı ince dilimlenmiş beyaz soğan
- 3 diş sarımsak, kıyılmış
- 2 ½ su bardağı rendelenmiş tatlı patates
- 1 su bardağı rendelenmiş havuç
- 1 kutu (14 ons) doğranmış domates
- 1 çay kaşığı Meksika kekiği
- Adobo'da 2 Chipotle biberi
- ½ bardak sebze suyu
- 1 Avokado, dilimlenmiş
- 8 ekmeği

TALİMATLAR:

a) Orta ateşteki büyük bir sote tavasına su ve soğanı ekleyip, soğan yarı saydam ve yumuşak oluncaya kadar 3-4 dakika pişirin. Sarımsakları ekleyin ve 1 dakika kadar karıştırarak pişirmeye devam edin.

b) Tavaya tatlı patates ve havucu ekleyin ve sık sık karıştırarak 5 dakika pişirin.

SOS:

c) Doğranmış domatesleri, sebze suyunu, kekik ve chipotle biberlerini karıştırıcıya yerleştirin ve pürüzsüz hale gelinceye kadar işleyin.

d) Tavaya chipotle-domates sosunu ekleyin ve tatlı patatesler ve havuçlar pişene kadar ara sıra karıştırarak 10-12 dakika pişirin. Gerekirse tavaya daha fazla sebze suyu ekleyin.

e) Sıcak tortillaların üzerinde servis yapın ve üzerine avokado dilimleri ekleyin.

89. Mercimek & Pirinç Köfte

İÇİNDEKİLER:
- ¾ bardak mercimek
- 1 Tatlı patates
- 10 Taze ıspanak yaprakları
- 1 fincan Taze mantarlar, doğranmış
- ¾ bardak badem unu
- 1 çay kaşığı Tarhun
- 1 çay kaşığı Sarımsak tozu
- 1 çay kaşığı Maydanoz gevreği
- ¾ bardak Uzun taneli pirinç

TALİMATLAR:
a) Pirinci pişip hafif yapışkan hale gelinceye, mercimeği yumuşayana kadar pişirin. Hafifçe soğutun.
b) Kabuğu soyulmuş bir tatlı patatesi ince ince kıyıp yumuşayana kadar pişirin. Hafifçe soğutun.
c) Ispanak yaprakları durulanıp ince ince kıyılmalıdır.
d) Tüm malzemeleri ve baharatları, damak zevkinize göre tuz ve karabiber ekleyerek karıştırın.
e) 15-30 dk kadar buzdolabında dinlendirin.
f) Köfte şekline getirin ve tavada veya sebze ızgarasında soteleyin.
g) Bu Köfteler yapışma eğiliminde olacağından tavayı Pam ile yağladığınızdan veya püskürttüğünüzden emin olun.

90.Tatlı Patates Marshmallow Güveç

İÇİNDEKİLER:
- 4 ½ kilo tatlı patates
- 1 su bardağı toz şeker
- ½ fincan vegan tereyağı yumuşatılmış
- ¼ bardak bitki bazlı süt
- 1 çay kaşığı vanilya özü
- ¼ çay kaşığı tuz
- 1 ¼ su bardağı mısır gevreği, ezilmiş
- ¼ bardak kıyılmış ceviz
- 1 yemek kaşığı esmer şeker
- 1 yemek kaşığı vegan tereyağı, eritilmiş
- 1½ bardak minyatür marshmallow

TALİMATLAR:
a) Fırını önceden 425 Fahrenheit dereceye ısıtın.
b) Tatlı patatesleri 1 saat veya yumuşayana kadar kızartın.
c) Tatlı patatesleri ikiye bölün ve içlerini bir karıştırma kabına alın.
d) Elektrikli bir karıştırıcı kullanarak tatlı patates püresini, toz şekeri ve aşağıdaki 5 malzemeyi pürüzsüz hale gelinceye kadar çırpın.
e) Patates karışımını yağlanmış 11 x 7 inçlik bir pişirme kabına kaşıkla dökün.
f) Bir karıştırma kabında mısır gevreği gevreğini ve sonraki üç malzemeyi birleştirin.
g) Çanak üzerine 2 inç aralıklarla çapraz sıralar halinde serpin.
h) 30 dakika pişirin.
i) Mısır gevreği sıralarının arasına marshmallow serpin; 10 dakika pişirin.

91.Mısır gevreği Tatlı Patates Güveç

İÇİNDEKİLER:

- 2 yumurta
- 3 su bardağı tatlı patates püresi
- 1 su bardağı şeker
- ½ su bardağı tereyağı, eritilmiş
- ⅓ bardak süt
- 1 çay kaşığı vanilya özü

SÜSLEME:

- 3 su bardağı mısır gevreği
- ⅔ bardak tereyağı, eritilmiş
- 1 su bardağı paketlenmiş esmer şeker
- ½ su bardağı kıyılmış fındık
- ½ bardak kuru üzüm

TALİMATLAR:

a) Yumurtaları büyük bir kapta çırpın, ardından sonraki 5 malzemeyi ekleyip iyice birleştirin.

b) Yağlanmamış 13"x9" pişirme kabına dökün. Üzeri için olan malzemeleri karıştırıp patateslerin üzerine serpin.

c) 350 derecede yaklaşık 30 ila 40 dakika pişirin.

92.Tatlı Patatesli Fasulye, Darı Somunu

İÇİNDEKİLER:
- 1 su bardağı doğranmış mantar
- 1 Yemek kaşığı sıvı yağ
- 1 su bardağı doğranmış tatlı patates
- Gerekirse su
- ½ bardak ipeksi tofu
- 2 yemek kaşığı salsa (isteğe bağlı)
- 2 Yemek kaşığı patates nişastası
- 15 onsluk kırmızı fasulye konservesi, süzülmüş ve durulanmış
- ½ bardak pişmiş darı
- 1 su bardağı çavdar ekmeği, küçük küpler halinde kesilmiş
- ½ bardak çözülmüş dondurulmuş mısır veya koçanından taze kazınmış mısır
- 1 çay kaşığı kıyılmış biberiye
- ½ çay kaşığı tuz
- ½ bardak kavrulmuş, ince kıyılmış fındık, herhangi bir çeşit (isteğe bağlı)

TALİMATLAR:
a) Ağır bir tavayı orta-yüksek ateşte ısıtın. Mantarları ekleyip suyunu salana kadar kavurun. Isıyı azaltın.
b) Yağ ve tatlı patatesleri ekleyin, kapağını kapatın ve tatlı patatesler yumuşayana kadar pişirin.
c) Patateslerin yapışmasını önlemek için gerekirse biraz su ekleyin. Patatesler ve mantarlar pişince yaklaşık ½ fincan alın ve tofu, salsa ve patates nişastasıyla birleştirin. İyice karıştırın. Bir kenara koyun.
d) Fırını 350 dereceye kadar önceden ısıtın. Fırın tepsisini parşömen kağıdıyla hizalayın. Büyük bir karıştırma kabında kırmızı fasulyeyi, darıyı ve çavdar ekmeğini birleştirin ve harmanlanana kadar ezin.
e) Tofu karışımını, mısırı, biberiyeyi, tuzu ve fındıkları karıştırın.
f) İyice karıştırın. Bu karışımın yarısını kek kalıbına dökün.
g) Kalan mantarları ve tatlı patatesleri katmanın üzerine yerleştirin ve ardından kalan fasulye ve darı karışımını üstüne yayın. Üstünü aramak. 45 dakika pişirin.
h) Fırından çıkarın ve soğuması için bir soğutma rafına ters çevirin.

93.Roka Pestolu Tatlı Patates Gnocchi

İÇİNDEKİLER:
- 2 büyük tatlı patates, fırında pişirilmiş ve soyulmuş
- 2 su bardağı çok amaçlı un, ayrıca toz almak için ekstra
- 1 çay kaşığı tuz
- ½ çay kaşığı öğütülmüş karabiber
- ¼ çay kaşığı öğütülmüş hindistan cevizi
- 2 su bardağı taze roka (roka) yaprağı
- ½ su bardağı rendelenmiş parmesan peyniri
- ¼ bardak çam fıstığı
- 2 diş sarımsak, kıyılmış
- ½ su bardağı sızma zeytinyağı
- Tatmak için biber ve tuz

TALİMATLAR:
a) Büyük bir kapta, pişmiş tatlı patatesleri pürüzsüz hale gelinceye kadar ezin.
b) Ayrı bir kapta çok amaçlı un, tuz, öğütülmüş karabiber ve öğütülmüş hindistan cevizini birleştirin.
c) Un karışımını yavaş yavaş patates püresine ekleyin ve yumuşak bir hamur oluşana kadar iyice karıştırın. Hamur çok yapışkansa biraz daha un ekleyin.
d) Hamuru hafifçe unlanmış bir yüzeye aktarın ve pürüzsüz hale gelinceye kadar birkaç dakika hafifçe yoğurun.
e) Hamuru küçük porsiyonlara bölün. Her parçayı yaklaşık ½ inç çapında bir ip şekline getirin.
f) Gnocchi'yi oluşturmak için ipleri yaklaşık 1 inç uzunluğunda küçük parçalar halinde kesin. İstenirse her parçaya çıkıntı yapmak için bir çatal kullanın.
g) Büyük bir tencerede tuzlu suyu kaynatın. Tatlı patatesli gnocchi'yi ekleyin ve yüzeye çıkana kadar pişirin. Bu yaklaşık 2-3 dakika sürmelidir. Gnocchi'leri oluklu bir kaşıkla çıkarın ve bir kenara koyun.
h) Bir mutfak robotunda taze roka yapraklarını, rendelenmiş Parmesan peynirini, çam fıstığını, kıyılmış sarımsağı ve sızma zeytinyağını birleştirin. Karışım pürüzsüz bir pesto elde edene kadar işleyin. Tatmak için tuz ve karabiber ekleyin.

i) Büyük bir tavada, orta ateşte bir miktar zeytinyağını ısıtın. Pişmiş tatlı patatesli gnocchi'yi ekleyin ve iyice kaplanıp ısıtılıncaya kadar tavaya atın.

j) Tatlı Patates Gnocchi'yi Roket Pesto ile servis edin, pestoyu gnocchi'nin üzerine gezdirin veya yanında servis yapın. Tatlı patatesli gnocchi ve lezzetli roka pestosunun lezzetli kombinasyonunun tadını çıkarın.

94. Kestane ve Tatlı Patates Gnocchi

İÇİNDEKİLER:
GNOCCHİ
- 1 + ½ bardak Kavrulmuş tatlı patates
- ½ su bardağı Kestane Unu
- ½ bardak Tam yağlı ricotta
- 2 çay kaşığı koşer tuzu
- ½ su bardağı glutensiz un
- Tatmak için beyaz biber
- Tatmak için füme kırmızı biber

MANTAR & KESTANE RAGU
- 1 bardak düğme mantarı, 4'e bölünmüş
- İnce şeritler halinde dilimlenmiş 2-3 portobello mantarı
- 1 tepsi shimeji mantarı (beyaz veya kahverengi)
- ⅓ bardak kestane, doğranmış
- 2 yemek kaşığı tereyağı
- 2 arpacık, ince doğranmış
- 2 diş sarımsak, ince doğranmış
- 1 çay kaşığı domates salçası
- Beyaz şarap (tadına göre)
- Kaşer tuzu (tatmak için)
- 2 yemek kaşığı taze adaçayı, ince doğranmış
- Tatmak için maydanoz

BİTİRMEK İÇİN
- 2 yemek kaşığı zeytinyağı
- Parmesan Peyniri (tadına göre)

TALİMATLAR:
GNOCCHİ
a) Fırını 380 dereceye kadar önceden ısıtın.
b) Tatlı patateslerin her tarafını çatalla delin.
c) Tatlı patatesleri kenarlı bir fırın tepsisine yerleştirin ve yaklaşık 30 dakika veya yumuşayana kadar kızartın. Hafifçe soğumaya bırakın.
d) Tatlı patatesleri soyun ve mutfak robotuna aktarın. Pürüzsüz olana kadar püre haline getirin.
e) Büyük bir kapta malzemeleri (kestane unu, tuz, glutensiz un, beyaz biber ve füme kırmızı biber) birleştirin ve bir kenarda bekletin.

f) Tatlı patates püresini geniş bir kaseye aktarın. Ricottayı ekleyin ve kurutulmuş karışımın ¾'ünü ekleyin. Hamuru çok unlanmış bir çalışma yüzeyine aktarın ve hamur bir araya gelinceye kadar ama yine de çok yumuşak olana kadar daha fazla un ekleyerek hafifçe yoğurun.
g) Hamuru 6-8 parçaya bölüp her parçayı 1 santim kalınlığında ip şeklinde yuvarlayın.
h) Halatları 1 inç uzunluğa kesin ve her parçayı glutensiz unla tozlayın.
i) Küçük çentikler oluşturmak için her bir gnocchi'yi unlanmış bir çatalın dişlerine doğru yuvarlayın.
j) Kullanmaya hazır oluncaya kadar buzdolabında bir tepside saklayın.

MANTAR & KESTANE RAGU
k) Sıcak bir tavada tereyağını eritip bir tutam tuz ekleyin.
l) Arpacık soğanı, sarımsak ve adaçayı ekleyin ve arpacık soğanları yarı saydam oluncaya kadar 10 dakika soteleyin.
m) Tüm mantarları ekleyip yüksek ateşte sürekli karıştırarak soteleyin.
n) Domates salçasını ve beyaz şarabı ekleyin ve mantarlar yumuşayıp yumuşayana kadar kaynamaya bırakın.
o) Ragu'nun üzerine taze doğranmış maydanoz ve doğranmış kestane ekleyin. Bir kenara koyun.

BİTİRMEK İÇİN
p) Büyük bir tencerede tuzlu suyu kaynatın. Tatlı patatesli gnocchi'yi ekleyin ve yüzeye çıkana kadar yaklaşık 3-4 dakika pişirin.
q) Delikli bir kaşık kullanarak gnocchi'yi geniş bir tabağa aktarın. Kalan gnocchi ile aynı işlemi tekrarlayın.
r) Geniş bir sote tavasında 2 yemek kaşığı zeytinyağını eritin.
s) Gnocchi karamelleşene kadar hafifçe karıştırarak gnocchi'yi ekleyin.
t) Mantar Ragu'yu ekleyin ve birkaç yemek kaşığı gnocchi suyundan ekleyin.
u) Yavaşça karıştırın ve yüksek ateşte 2-3 dakika pişmeye bırakın.
v) Üzerine bir tutam Parmesan peyniri serperek servis yapın.

95.Tatlı Patates ve Havuç Gnocchi

İÇİNDEKİLER:
- 1 büyük tatlı patates, pişmiş ve soyulmuş
- 1 büyük havuç, pişmiş ve soyulmuş
- 2 su bardağı çok amaçlı un, ayrıca toz almak için ekstra
- ½ çay kaşığı tuz
- ¼ çay kaşığı öğütülmüş tarçın
- ¼ çay kaşığı öğütülmüş hindistan cevizi
- ¼ çay kaşığı öğütülmüş zencefil
- Pişirmek için tereyağı veya zeytinyağı
- Garnitür için taze adaçayı yaprakları

TALİMATLAR:
a) Büyük bir kapta, pişmiş tatlı patatesi ve pişmiş havucu pürüzsüz hale gelinceye kadar ezin.
b) Ayrı bir kapta çok amaçlı un, tuz, öğütülmüş tarçın, öğütülmüş hindistan cevizi ve öğütülmüş zencefili birleştirin.
c) Un karışımını yavaş yavaş patates püresi ve havuç püresine ekleyin ve yumuşak bir hamur oluşana kadar iyice karıştırın. Hamur çok yapışkansa biraz daha un ekleyin.
d) Hamuru hafifçe unlanmış bir yüzeye aktarın ve pürüzsüz hale gelinceye kadar birkaç dakika hafifçe yoğurun.
e) Hamuru küçük porsiyonlara bölün. Her parçayı yaklaşık ½ inç çapında bir ip şekline getirin.
f) Gnocchi'yi oluşturmak için ipleri yaklaşık 1 inç uzunluğunda küçük parçalar halinde kesin. İstenirse her parçaya çıkıntı yapmak için bir çatal kullanın.
g) Büyük bir tencerede tuzlu suyu kaynatın. Tatlı patates ve havuç gnocchi'yi ekleyin ve yüzeye çıkana kadar pişirin. Bu yaklaşık 2-3 dakika sürmelidir. Gnocchi'leri oluklu bir kaşıkla çıkarın ve bir kenara koyun.
h) Ayrı bir tavada orta ateşte biraz tereyağı veya zeytinyağını ısıtın. Pişmiş tatlı patatesi ve havuçlu gnocchi'yi ekleyin ve hafifçe kızarıp çıtır olana kadar soteleyin.
i) Servis yapmadan önce Tatlı Patates ve Havuçlu Gnocchi'yi taze adaçayı yapraklarıyla süsleyin.

YERELMASI

96.Vejetaryen Carpaccio

İÇİNDEKİLER:
- Farklı renklerde 3 pancar; pembe, sarı ve beyaz
- Farklı renklerde 2 havuç; sarı ve mor
- 2 Kudüs enginarı
- 4 turp
- 1 şalgam
- ¼ bardak zeytinyağı
- 4 yemek kaşığı şarap sirkesi
- 1 dilim ekmek, küp şeklinde
- 2 yemek kaşığı çam fıstığı
- 1 yemek kaşığı kabak çekirdeği
- 2 yemek kaşığı ceviz yağı
- 1 avuç marul
- Deniz tuzu
- taze çekilmiş karabiber

TALİMATLAR :
a) Bütün sebzeleri yıkayın. Mandolin yardımıyla çok ince dilimler halinde kesin.
b) Bir kaseye koyun, sirkeyi ve zeytinyağını dökün ve parmaklarınızla hafifçe karıştırın.
c) Bir saat bekletin.
d) Ekmeği çam fıstığı ve kabak çekirdeğiyle birlikte kuru bir tavada sürekli karıştırarak kızartın.
e) Sebzeleri bir tabağa yerleştirin ve kruton ve tohumlarla süsleyin.
f) Fındık yağı, tuz ve karabiber serpin.
g) Marul yapraklarıyla süsleyin.

97. Narlı Kudüs Enginarı

İÇİNDEKİLER:

- 500 gr Kudüs enginarı
- 3 yemek kaşığı sızma zeytinyağı
- 1 çay kaşığı çörek otu tohumu
- 2 yemek kaşığı çam fıstığı
- 1 yemek kaşığı bal
- 1 nar, uzunlamasına ikiye bölünmüş
- 3 yemek kaşığı nar pekmezi
- 3 yemek kaşığı beyaz peynir, ufalanmış
- 2 yemek kaşığı düz yapraklı maydanoz, doğranmış
- Tuz ve karabiber

TALİMATLAR:

a) Fırını önceden 200C/400F/gaz işareti 6'ya ısıtın. Enginarları iyice fırçalayın ve ardından boyutlarına göre ikiye veya dörde bölün. Bunları büyük bir fırın tepsisine tek kat halinde koyun ve üzerine 2 yemek kaşığı yağ gezdirin. Tuz ve karabiberle iyice tatlandırın ve ardından çörek otu tohumlarını serpin. 20 dakika veya kenarları gevrekleşinceye kadar kızartın. Pişirmenin son 4 dakikasında enginarlara çam fıstığı ve balı ekleyin.

b) Bu arada nar tanelerini ezin. Büyük bir kase ve ağır bir tahta kaşık kullanarak, tüm çekirdekler çıkana kadar ikiye bölünmüş narların yan tarafına vurun. Herhangi bir özü çıkarın. Suyu küçük bir kaseye dökün ve nar ekşisini ve kalan zeytinyağını ekleyin. Birleştirilene kadar birlikte karıştırın.

c) Enginar ve çam fıstığı hazır olduğunda, üzerine tohumları serperek servis tabağına alın. Sosu her şeyin üzerine dökün ve servis için bir tutam beyaz peynir ve maydanozla bitirin.

98.Enginar Kişniş Kokteyli

İÇİNDEKİLER:

- 4 Kudüs enginarı
- 1 demet taze kişniş, yaklaşık 1 bardak
- 4 büyük turp, kuyruklu ve kesilmiş
- 3 orta boy havuç, doğranmış

TALİMATLAR:

a) Kudüs enginarlarını üreticinin talimatlarına göre elektronik meyve sıkacağınızda birer birer işleyin.
b) Sıkıştırmak ve eklemek için kişnişi bir top haline getirin.
c) Turpları ve havuçları ekleyin.
d) Birleştirmek için suyu iyice karıştırın ve istediğiniz gibi buz üzerinde servis yapın.

99. Kudüs Enginarlı Kavrulmuş Tavuk

İÇİNDEKİLER :

- 1 lb / 450 g Kudüs enginarları, soyulmuş ve uzunlamasına 6 dilime kesilmiş ⅔ inç / 1,5 cm kalınlıkta
- 3 yemek kaşığı taze sıkılmış limon suyu
- 8 derili, kemikli tavuk budu veya 1 orta boy bütün tavuk, dörde bölünmüş
- 12 muz veya diğer büyük arpacık soğanı, boyuna ikiye bölünmüş
- 12 büyük diş sarımsak, dilimlenmiş
- 1 orta boy limon, uzunlamasına ikiye bölünmüş ve daha sonra çok ince dilimlenmiş
- 1 çay kaşığı safran ipi
- 3½ yemek kaşığı / 50 ml zeytinyağı
- ¾ su bardağı / 150 ml soğuk su
- 1¼ yemek kaşığı pembe karabiber, hafifçe ezilmiş
- ¼ bardak / 10 gr taze kekik yaprağı
- 1 bardak / 40 gr tarhun yaprağı, doğranmış
- 2 çay kaşığı tuz
- ½ çay kaşığı taze çekilmiş karabiber

TALİMATLAR :

a) Kudüs enginarlarını orta boy bir tencereye koyun, üzerini bol suyla örtün ve limon suyunun yarısını ekleyin. Kaynatın, ısıyı azaltın ve yumuşayana kadar fakat yumuşak olmayana kadar 10 ila 20 dakika pişirin. Süzün ve soğumaya bırakın.

b) Yer elması ve kalan limon suyu ve tarhun yarımı hariç kalan tüm malzemeleri geniş bir karıştırma kabına koyun ve ellerinizi kullanarak her şeyi iyice karıştırın. Üzerini kapatıp buzdolabında bir gece veya en az 2 saat marine etmeye bırakın.

c) Fırını önceden 475°F / 240°C'ye ısıtın. Tavuk parçalarını derileri yukarı gelecek şekilde kızartma tavasının ortasına yerleştirin ve kalan malzemeleri tavuğun etrafına yayın. 30 dakika kızartın. Tavayı alüminyum folyo ile kapatıp 15 dakika daha pişirin. Bu noktada tavuğun tamamen pişmesi gerekiyor. Fırından çıkarın ve ayrılmış tarhun ve limon suyunu ekleyin. İyice karıştırın, tadın ve gerekirse daha fazla tuz ekleyin. Hemen servis yapın.

100.Ispanaklı ve Tatlı Patatesli Lazanya

İÇİNDEKİLER:
- 2 ila 3 büyük tatlı patates (yaklaşık 2 pound), soyulmuş ve ½ inçlik yuvarlaklar halinde kesilmiş
- 2 büyük baş karnabahar, çiçeklere bölünmüş
- ¼ bardak çam fıstığı, kızartılmış
- Gerektiğinde şekersiz sade badem sütü
- 3 yemek kaşığı besin mayası, isteğe bağlı
- ½ çay kaşığı hindistan cevizi
- 1½ çay kaşığı tuz
- 1 büyük sarı soğan, soyulmuş ve küçük doğranmış
- 4 diş sarımsak, soyulmuş ve kıyılmış
- 1 yemek kaşığı kıyılmış kekik
- ½ su bardağı ince kıyılmış fesleğen
- 12 su bardağı ıspanak (yaklaşık 2 pound)
- Tatmak için tuz ve taze çekilmiş karabiber
- 12 ons tam tahıllı veya Kudüs enginarlı-unlu lazanya eriştesi, ambalaj talimatlarına göre pişirilir, süzülür ve soğuyuncaya kadar durulanır

TALİMATLAR:
a) Tatlı patatesleri çift kazana veya buharlı pişirici sepetine yerleştirin ve 6 dakika boyunca veya yumuşayıncaya kadar fakat yumuşak olmayana kadar buharda pişirin. Soğuyana kadar durulayın, ardından süzün ve bir kenara koyun.

b) Karnabaharı iyice yumuşayana kadar 6 ila 8 dakika buharda pişirin. Karnabaharı ve çam fıstıklarını gerekirse gruplar halinde bir karıştırıcıda birleştirin ve pürüzsüz ve kremsi bir kıvama gelinceye kadar püre haline getirin, gerekirse badem sütü ekleyin. Püreyi büyük bir kaseye ekleyin ve besin mayası (kullanılıyorsa), hindistan cevizi ve tuzu ekleyin. Bir kenara koyun.

c) Soğanı büyük bir tavaya koyun ve orta ateşte 10 dakika soteleyin. Tavaya yapışmasını önlemek için her seferinde 1 ila 2 yemek kaşığı su ekleyin.

d) Sarımsak, kekik, fesleğen ve ıspanağı ekleyin ve 4 ila 5 dakika veya ıspanak soluncaya kadar pişirin. Karnabahar püresine ekleyin ve iyice karıştırın. İlave tuz ve karabiber ekleyin.

e) Fırını önceden 350°F'ye ısıtın.

f) Lazanyayı birleştirmek için 9 × 13 inçlik bir pişirme kabının tabanına 1 bardak karnabahar karışımını dökün. Bir kat lazanya eriştesi ekleyin. Eriştelerin üzerine bir kat tatlı patates koyun.

g) Tatlı patateslerin üzerine 1½ bardak karnabahar karışımını dökün. Üstüne başka bir erişte tabakası ve ardından bir kat tatlı patates koyun.

h) Karnabahar karışımının bir katmanını daha ekleyin. Üstüne son kat erişteyi ve kalan karnabahar sosunu ekleyin. Alüminyum folyo ile örtün ve 30 dakika pişirin.

i) Kapağı açın ve 15 dakika daha veya güveç sıcak ve kabarcıklı hale gelinceye kadar pişirin. Servis yapmadan önce 15 dakika bekletin.

ÇÖZÜM

Mutfak yolculuğumuzu "Kök Sebzeler Yemek Kitabı" ile tamamlarken, kök sebze mutfağı sanatında ustalaşmanın mutluluğunu yaşadığınızı umuyoruz. Bu sayfalardaki her tarif, kök sebzelerin sofranıza getirdiği dünyevi tatların, besin zenginliğinin ve mutfaktaki çok yönlülüğün bir kutlamasıdır; yüzeyin altında yatan mutfak olanaklarının bir kanıtıdır.

İster kavrulmuş kök sebzelerin sadeliğinin tadını çıkarmış olun, ister yenilikçi yemeklerin yaratıcılığını benimsemiş olun, ister çeşitli köklerin besleyici faydalarını keşfetmiş olun, bu tariflerin kök sebzelerle yemek pişirme tutkunuzu ateşlediğine inanıyoruz. Malzemelerin ve tekniklerin ötesinde, kök sebze mutfağında ustalaşma kavramı bir ilham kaynağı, yaratıcılık ve doğanın cömertliğinin kutlanması haline gelebilir.

Kök sebzelerin mutfak potansiyelini keşfetmeye devam ederken, bu yeraltı hazinelerinin zenginliğini ve çok yönlülüğünü sergileyen çeşitli tarifler konusunda size rehberlik eden "Kök Sebzeler Yemek Kitabı" güvenilir arkadaşınız olsun. Dünyevi lezzetlerin tadını çıkarmak, lezzetli yemekler yaratmak ve kök sebzelerin mutfak repertuarınızdaki önemli rolünü kutlamak için buradayız.

AFİYET OLSUN!

www.ingramcontent.com/pod-product-compliance
Lightning Source LLC
Chambersburg PA
CBHW071323110526
44591CB00010B/1005